طوف وشوف

المملكة الأردنية الهاشمية
رقم الإيداع لدى دائرة المكتبة الوطنية
(2023/10/5376)

819.9

طوف وشوف/ صبيح، حسام جميل. عمان: جفرا ناشرون وموزعون

2023

ر.إ.: 2023/10/5376

الواصفات: /الخواطر الأدبية/ /الأدب العربي/ /العصر الحديث/

جفرا ناشرون وموزعون
عمان -الاردن
تلفون : 00962781332881 - مراد سارة
ايميل : muradsarah01@gmail.com

طوف وشوف

للكاتب

حسام حمدان

مقدمة

نطـوف، فقد نبصـر ونشـوف، وقـد نـرى نزهـق ونعـوف. أنـا طفت، أشعاري ومقالاتي توحي مـا رأيت وأبصرت.

بالأعيـاد وٱلأفـراح وٱلأتـراح نطـوف علـى ٱلأقـارب وٱلأصدقاء وٱلأرحـام وٱلمحتاجين وٱلفقـراء ونقدم لهـم مـا نستطيع مـن عطـاء وفضـل ٱلله علينـا مـن طيـب ٱلكـلام وٱلمـال وٱلعـون ليـدعمهم ويجبـر بخاطرهم.

نطـوف علـى ٱلشـجر، نقلمـه ونسـمده ونعشـب مـا يضـره ونحرثه ليعيش علـى ٱلأرض ناضرا وإن قدر مثمرا.

نطوف في بيوت ٱلله بغيا لحمده وشكره وغفرانه، حسن ضيافته وهديته هداه لنا.

نطوف في ٱلمتاحف بحثا عن ما نعرفه بإنفسنا من خلال لوحات وتماثيل من فنانين لهم من وفي ٱلتعبير طوف بديل.

أطوف بنفسي وأراني بناهية ٱلطوف مستلقيا على جنية بظل دالية أوراقها وقطوفها بالنوم سلسبيل

رحلة إلى أعماق النفس البشرية إلى هذه النفس المتمثلة في (الأنا) الأنانية والزائفة التي هي نتاج فكرة خاطئة (هوى النفس)، ولهذه النفس خصائص عديدة مثل التقلب، والتطرف، والعجلة، والتسرع، والتردد، والضعف، والمكابرة، والعناد، والجحود، والتكالب، على جمع الأموال،

والعاطفة وانفعالاتها، الخوف، والرجاء، والشح، والبخل.

باختصار عندما تولد النفس تولد المعاناة، والآلام، والآثام، كما أوضح القرآن الكريم في قولة تعالى: (إِنَّ النَّفْسَ لَأَمَّارَةٌ بِالسُّوءِ)، أيضًا كما أوضح الحكيم بوذا عندما تولد النفس تتولد معها بناتها الثلاث: الشهوة، والرغبة، والعاطفة.

في رحلة إلى داخل النفس إلى السماوات الداخلية في النفس، هذه الرحلة أخطر من رحلة اقتحام السماوات الخارجية، وتكمن صعوبة هذه الرحلة في أنها لا يوجد فيها معالم ملموسة، ولا أي شيء ماديّ.

الشيء المرعب في هذه الرحلة أن الإنسان يسافر داخل متاهات من الخواطر، والهواجس،

والأفكـار، وعـالم مـن المجـردات فـي محاولـة للإحسـاس بالإحسـاس نفسـه، وفـي هـذه الرحلـة يحـاول الإنسـان التعرف على الأنـا والأنت، هـو الحقائق الكبرى وسر الإنسان الأعظم، فيتعرّف الإنسـان على نفسـه ومواجهتهـا والتجرد منهـا، توصـله إلـى مرحلـة معرفـة حقـائق عنـد فاصـل الموت، والحياة، فيبتدئ يحسّ بالذي هو أقرب إليه من حبل الوريد.

❋ ❋ ❋

طوف

دِيرْ بَالَكْ عَلىٰ أَطْرَافَكْ

خَلِّيها تُوخْذَكْ وَين يَتَّسِعْ مَطَافَكْ

طُوفْ وَقَلْبُكَ يَخْفِقُ بِحُبَّكْ

إِفْتَحْ يَدَيْكَ وَرَأْسُكَ رَافِعاً لِمَطْلوبَكْ

إِسْأَلْ نَفْسَكْ قَبْلَ سُؤَالَكْ غَيْرَكْ

فِيها أَجْوِبَةً قَدْ تُدْهِشُ بَصَرَكْ

اَلْحُبُّ رِزْقٌ وَالْرزق حَقّاً بِسَماءِ رَبَّكْ

إِسْعىٰ في مَناكِبِ أَرْضَكْ لَعَلَّهُ حُبّاً جَناءُ قَلْبَكْ

*** ***

حسام حمدان
كفرراعي / بوسطن
٢٠٢٢/١٠١٩

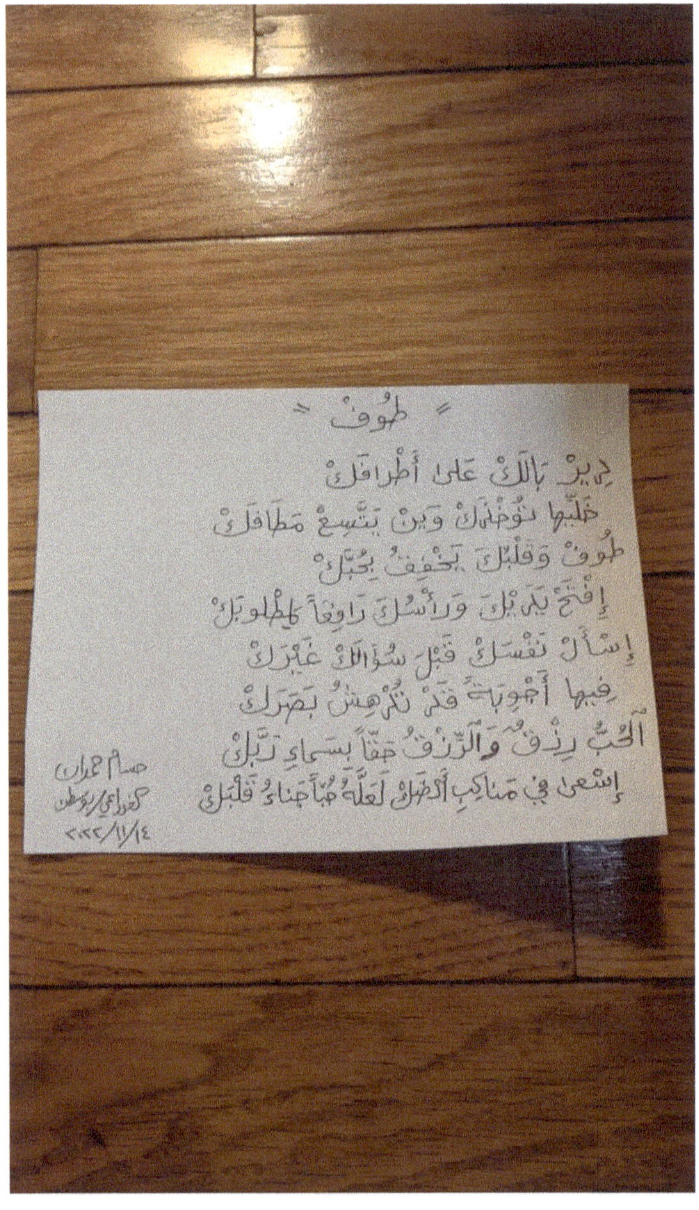

= طُوفْ =

دِيرْ بَالَكْ عَلى أَطْرافَكْ
خَلِّيها تُوْخَذَكْ وَيْن يَتَّسِعْ مَطافَكْ
طُوفْ وَقَلْبَكْ يَخْفِفْ بِحِبَّكْ
إفْتَحْ يَدَيْكْ وَرَأْسَكْ رافِعاً كالطَّولِ بَكْ
إسْأَلْ نَفْسَكْ قَبْلَ سُؤالَكْ غَيْرَكْ
فيها أَجْوِبَةٌ قَدْ تُدْهِشْ بَصَرَكْ
الحُبُّ رِزْقٌ وَالرِّزْقُ حَقّاً بِسَماءِ رَبَّكْ
إسْعى في مَناكِبِ الأَرْضِ لَعَلَّهُ حُبّاً جَناهُ قَلْبَكْ

حسام حمران
كفراعي / رَوْسطن
٢٠٢٢/١/٤

طَلَّةٌ

بِغَيْمِ ٱللَّيْل بَرْقٌ وَرَعْدٌ جُنونَ سَماءْ

ضَوٌّ هَرَبَ وَسَقَطَ عَلىٰ مَاءْ

وَجْهُ قَمرا لُؤْلؤاً وَمَرجْانْ

طَلِّتْ حَبيبْ عَادَ لْلرُّوحِ مَجْراها مَنْجَماً أَمَانْ

نُورُ نَواصيهِمْ قَادَهُمْ لِظِلٍّ وَشُرْبَةِ مَاءْ

***

حسام حمدان
كفرراعي /بوسطن
٣/١٠/٢٠٢٢

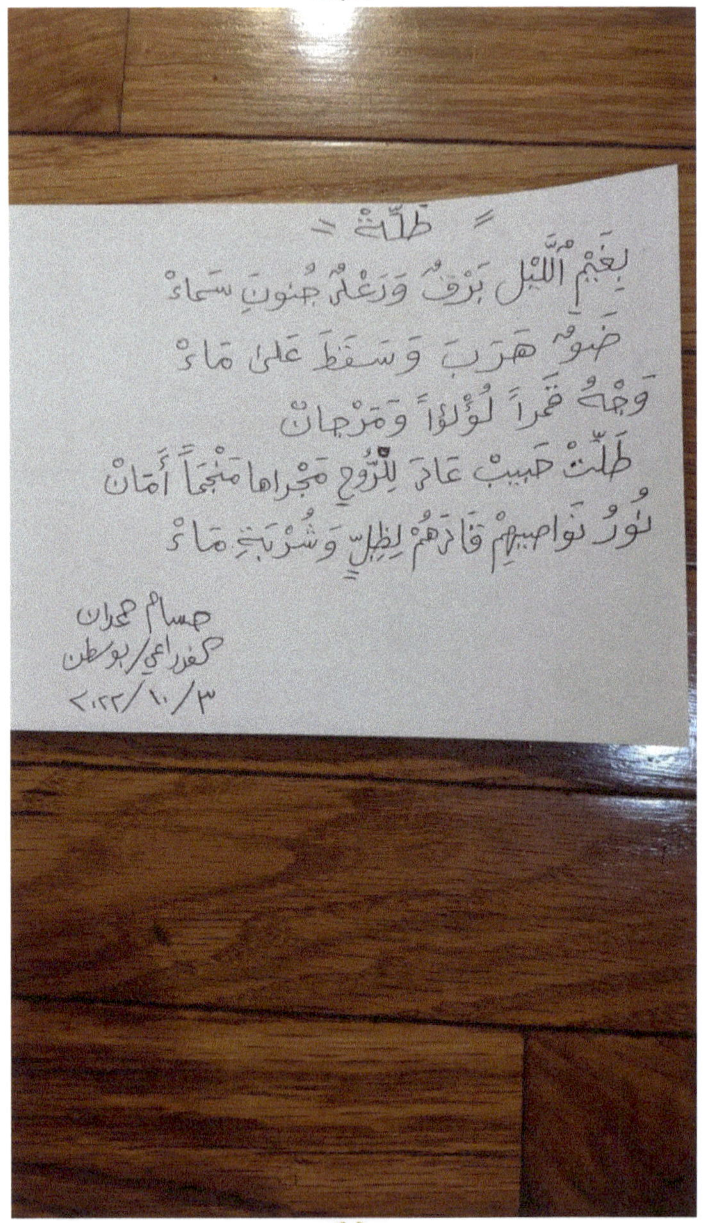

= طَلَّة =
يَغيْمُ اللّيْلُ بَرْقٌ وَتَغْلي جُنونَ سَماءٌ
ضَوْءٌ هَرَبَ وَسَقَطَ عَلى مَاءٌ
وَجْهٌ قَمَراً لُؤْلُؤاً وَمَرْجانٌ
طَلَّتْ حَبيبٌ عادَ لِلرُّوحِ مَجْراها مَنْجَماً أَمانٌ
نُورُ نَواصيهِمْ قادَهُمْ لِظِلٍّ وَشُرْبَةِ مَاءٌ

حسام حمدان
كفرأمي / بوطن
٢٠٢٣/١٠/٣

فُرْصَتَك

فَاجِئْني وَأَدْهِشْني مِنْ عِنْدي نَسيتُهْ نَسيتُهْ مُقيم

لَا تَدري مَاتَكونُ رَدَّةُ فِعْلي وإِنْ كُنْت حُراً مُسْتَقيم

عَلَى يَقِين فَوْق مَا تَّتَوَقَّع وَعِنْدَك مِن كَانَ ٱلْمُسْتحيَلْ

بِيشْ تِسْتَنَّى كُل ٱلثَّمَرِ لَهْ عَلَى ٱلْأَرْضِ خَصيمْ

***

حسام حمدان
كفرراعي/بوسطن
٢٩/١٠/٢٠٢٢

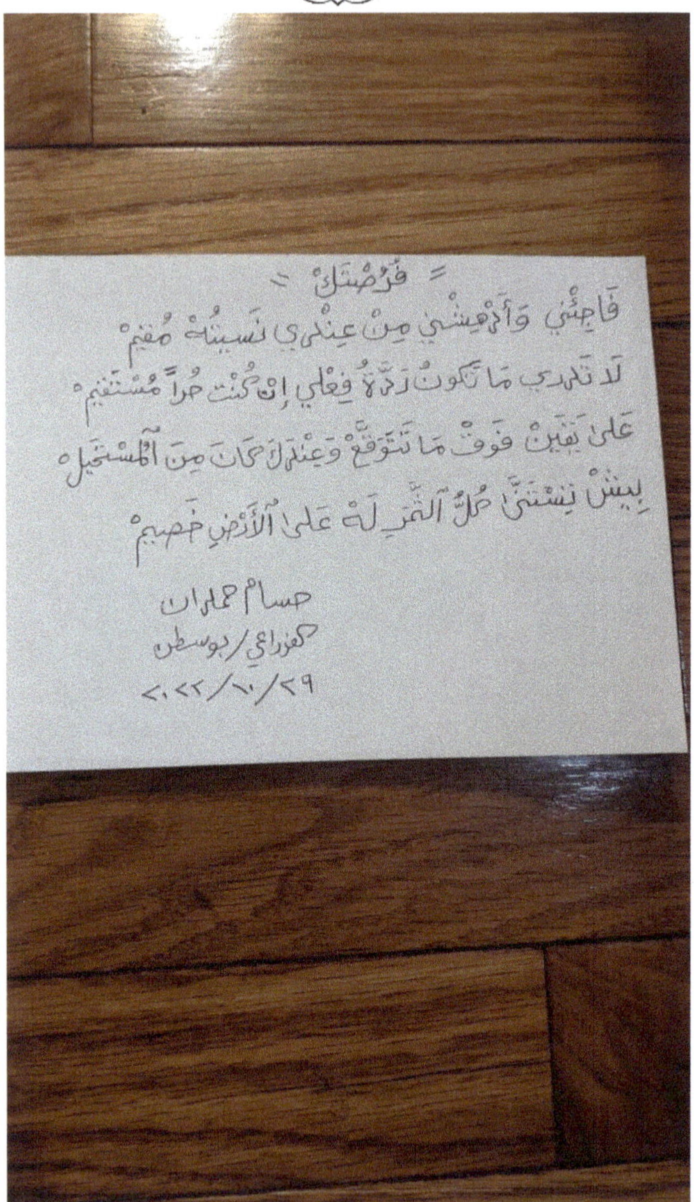

فُرَصُك

فَاجِئْنِي وَأَدْهِشْنِي مِنْ عِنْدِي نَسِيبَهُ مُقِيمْ
لَا تُهْدِرْ مَا تَكُونُ رِدَّةٌ فِعْلِي إِنْ كُنْتَ حُرًّا مُسْتَقِيمْ
عَلَى يَقِينٍ فَوْقَ مَا تَتَوَقَّعْ وَعِنْدَكَ اِحْكَاتٌ مِنَ الْمُسْتَحِيلْ
بِيَشٍ يُسْتَثْنَى كُلُّ الْقَرِيَّةِ عَلَى الْأَرْضِ خَصِيمْ

حسام حمدان
كفرزراعي / بوسطن
٢٠٢٢/١٠/٢٩

كَابِنْ

عَلَىٰ رَفَافِيعْ ٱلْكَينا بَنىٰ كَابِنَ لِعنينا

بَيَتِ حُبٍّ بِدَرَجٍ صَعِدْنا حَبَّينا وِاعْتَلينَا

بِٱلرِّيح طَقْطَقْ وَتَمَايَلَ وَازَنَتْهُ جُذورَ أَهْلينا

بِٱلْهَوىٰ ٱلنَّسيمِ عَزْفٍ لِلْمُخلَّدينَ صُبَّ ٱلْقَهْوةِ

وِاسْقِينا

ذِكْراكِ كَابِنْ بَعبيقٍ ٱلكِينا جَمَعْتينا

خَشَبَكِ حِكَاياتْ وَقَصائِدْ رَسْمَتِ ٱلْحُبْ أَملاً أَمَانينا

***

حسام حمدان
كفرراعي/بوسطن
٢٥/١٠/٢٠٢٢

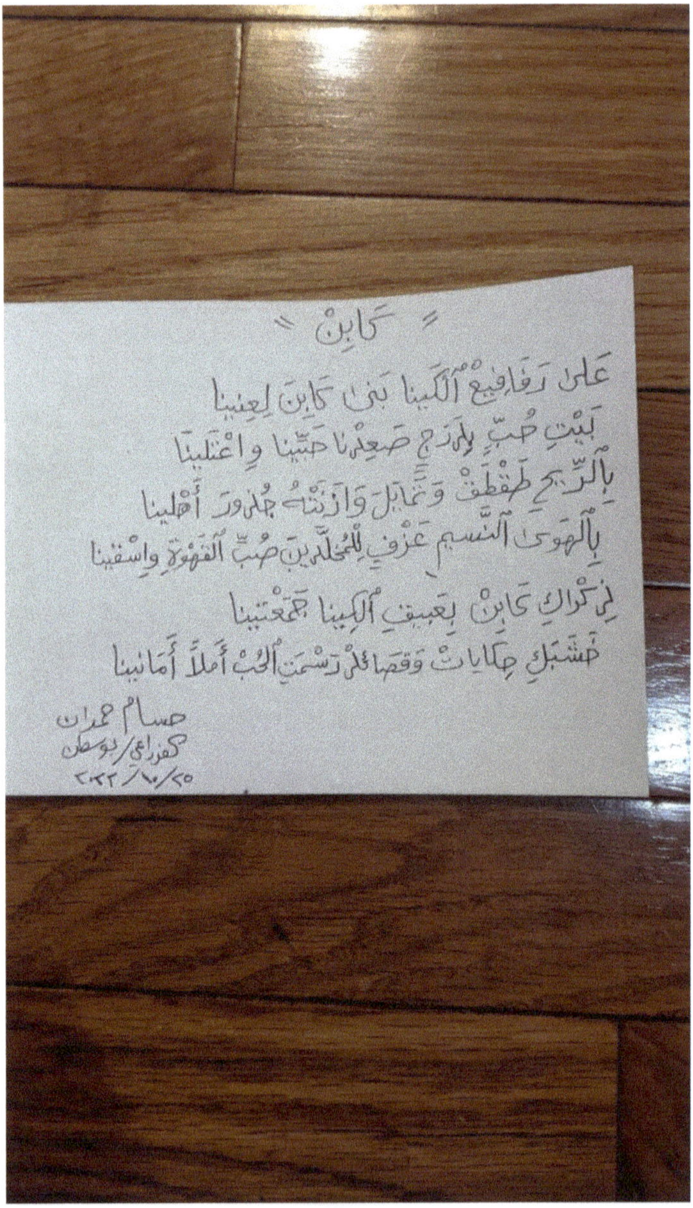

« كَابِين »

على رفارفيع الكابينا بنى كابين لعينينا
بَيْتِ حُبٍّ على رَجٍ صَعِدْنا حَسِينا واعْتلينا
بالريح طفقطف وتمايل وازَّنتْ جذورٌ أهلينا
بالهوى النسيم عزفٌ للمخلَّدين صبَّ القهوة واسقينا
في ذكراك كابين بعبيق الكابينا جمعتينا
حكشبك حكايات وقصائدٌ رسمتِ الحب أملاً أمانينا

حسام حمران
كفرزاعي / يوسف
٢٠٢٣ / ١٠ / ٢٥

غُرُورْ

بَعِدْ مَا أَرْخيتْ رَسَنْها غَرَّبَتْ

صِحِتْ بِالعَالي يَا هُمَّلاَلي

نَهَّقَتْ وَتَرافَسَتْ عَلَيِّ بَعيرَةْ

بِجِلسٍ وَرَسَنْ جَديدْ تَتَشَدَّقُ مَتَحَضِّرَهْ

* * *

حسام حمدان
كفرراعي/بوسطن
١٦/١١/٢٠٢٢

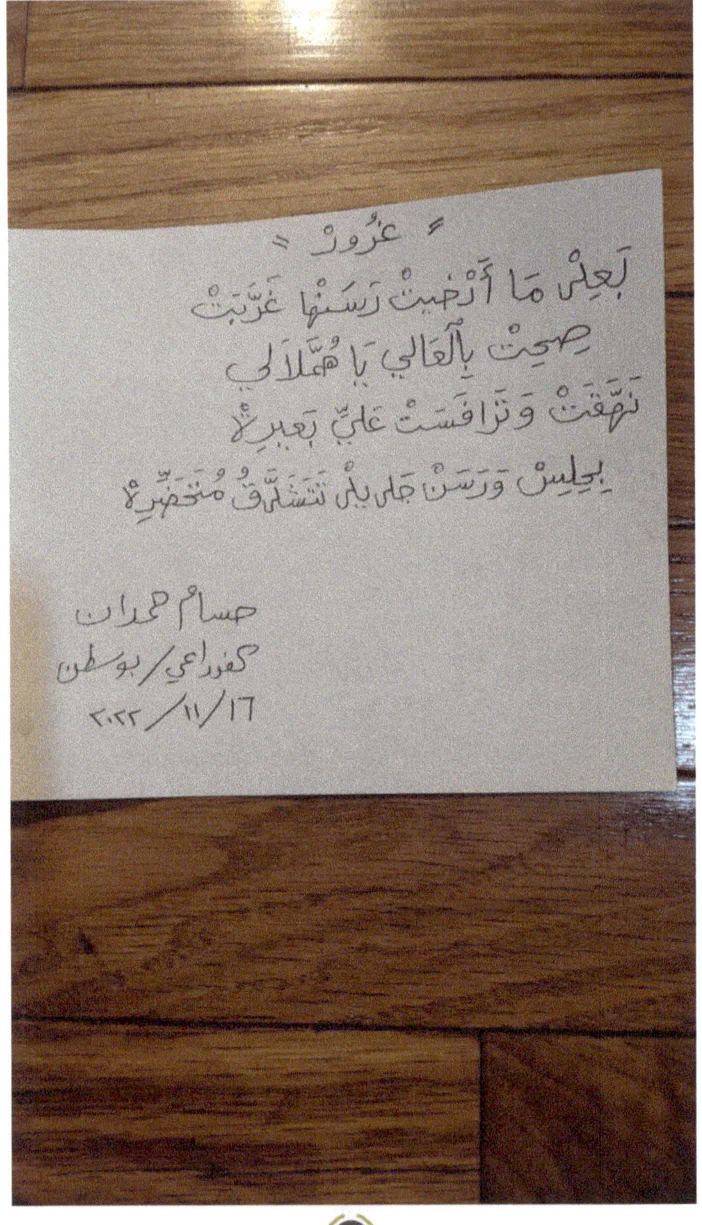
« عُرُوق »
بَعْضٌ مَا أَرْخَيْتُ رَسَنَها غَرَبَتْ
صَحِبَتْ بِالعَالِي يَا هِلَالِي
تَهِمْتُ وَتَرافَسْتُ عَلَيَّ تَعْبِيرٌ
بِجِلْسٍ وَرَسَنْ جَلى بِكِ تَشْتَاق مُنْحَسِرٌ

حسام حمران
كفرداعي / بوسطن
٢٠٢٣ / ١١ / ١٦

هَشِيرْ

أَقْصَرْ أَطْوَلْ مِنِّي حِينِ لَحِينْ

أَحِنُ لَمِشْيَةً بَيْنَ ٱلهَشِيرْ

تَلِحَقني حَيَّةً وَيَتَعَلَّقُ بِي عَقْرَباً وَيِتْحوَاني

مَلْعونْ

دَكَّاتْ شُوكْ لَحْظاتْ عُوقْ وَزِنَّةْ دَبُّورْ

زَحْفِةْ كُرْكَعَهْ إِطَّلَعِتْ لَفُوقْ

وَبِنَظْرَةْ عَينْ قِسِتْ مَسافْةِ ٱلحْياد بْذُوقْ

فَحْجَةً وَجَدَتْني أَمْشي بِٱلهَشِيرَ بِبَهْجَةً

حُراً أَتَعايَشُ مَعَ ٱلغَشِيمَ غَشيماً لَيِّن حِينْ

***

حسام حمدان
كفرراعي/بوسطن
٢٥/١٠/٢٠٢٢

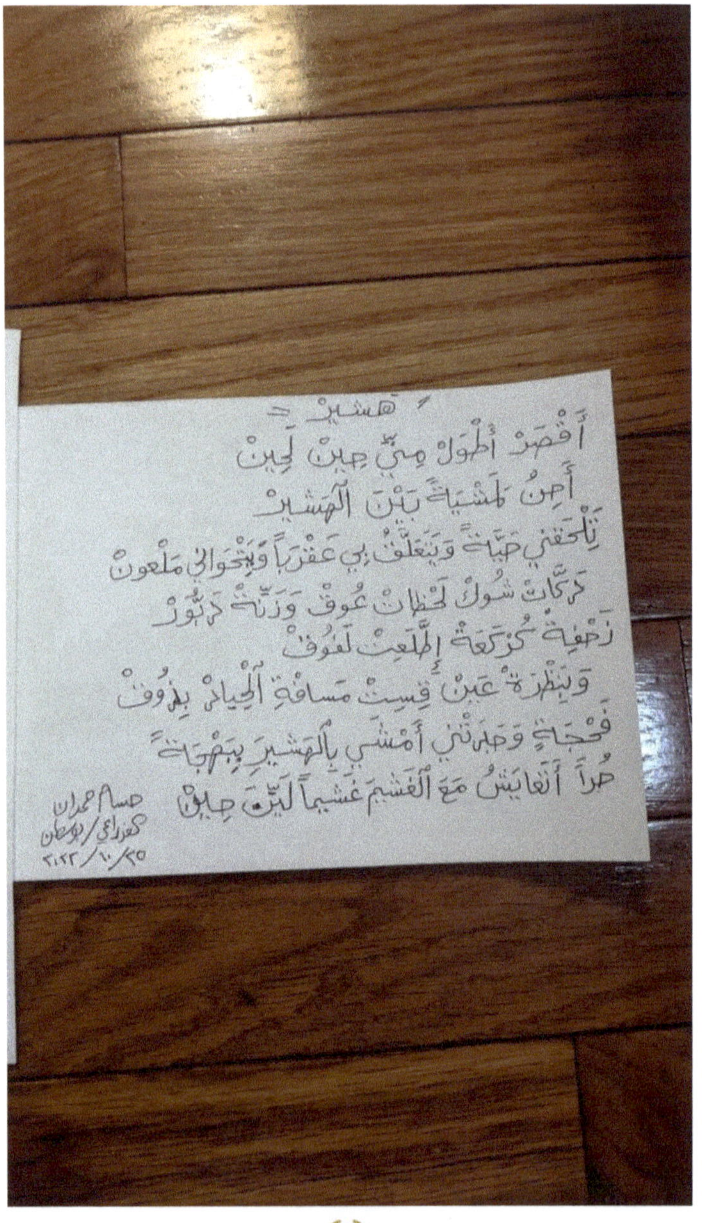
هشيم
أقصر أطول من مشي حين لحين
أحن لمشية بين الهشيم
يلحفني حباً ويتعلق بي عفراً ويتوالى ملعون
تركات شوك لحظات عوف وزنه ...
زخفية كزركعة الملعب لعوف
وينظرة عين قست مسافة الحياة بذوف
فجأة وحين أمشي بالهشير يتمجا
حراً ألقايش مع الغشيم غشيماً لين حين
حسام حمدان
كعراي / دوطان
٢٠٢٣/١٠/٢٥

مُوَجَّهْ

بِبَسَاطَهْ وَعَلَى ٱلْمَكْشُوفْ
تَأْمُرونَ بِٱلْمَعْروفْ وَتُنكِرونَ وَتَنْسَوْنْ ٱلْمَعْروفْ
خِسوفِ قَمَرْ وَكِسوفِ شَمْسْ مُوَجَّهَنْ ٱلْفَيْلَسوفْ
يَتَنَفَّسُ ٱلْمُنْكَرْ بِمُنْخَارٍ مَعْكُوفْ

* * *

حسام حمدان
كفرراعي/بوسطن
٣٠/١٠/٢٠٢٢

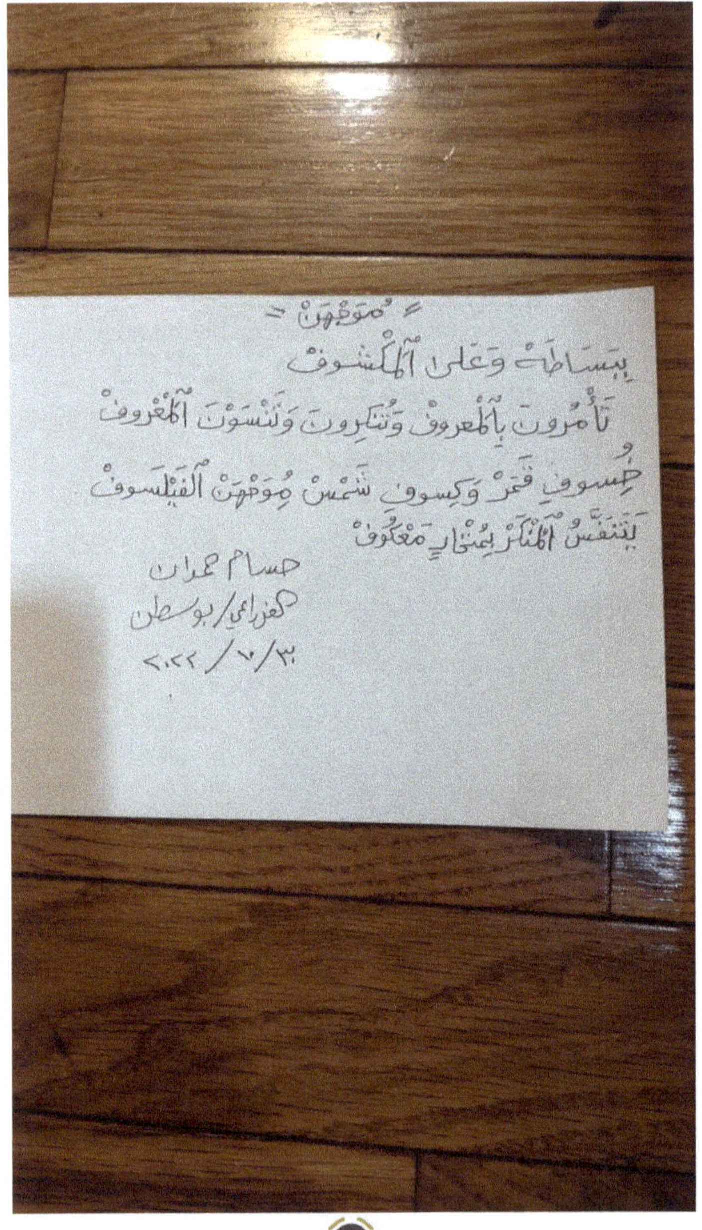
= مُوَقَّفٌ =
بِبَساطَةٍ وَعَلى المَكشوفْ
تَأمُرونَ بِالمَعروفْ وَتُنكِرونَ وَتَنسَونَ المَعروفْ
وَخُسوفِ قَمَرْ وَكِسوفِ شَمسٍ مُوَقَّفُ الفَيلَسوفْ
يَتَنَفَّسُ المُنكَرَ بِمَنأى مَعكوفْ
حسام حمران
كفرابي / بوسطن
٢٠٢٢ / ٧ / ٣

مُوسَمُ الزّيتُونْ

بموسم ٱلزيتون نخرط ونجول وتجول أقوال تراثنا بٱلعماير لتعاون ومحبه وخير وبركه. ٱلله يعطيكم ٱلعافيه وإنشاء الله يوقع بزيت ورصيع ودينار.

يُغَنِّي ٱلْمُوسَمْ ٱلْقُطِّي يَلاقْطَهْ يَمِّ الِعْيُونْ ٱلنّاطْقَهْ
ٱلْقُطِّي حَبِّ ٱلزّيتونْ تِحْتْ إمّهْ ساقْطَهْ
خَرَطْنا وَجُلْنا ٱلْزّيتونْ عَصَرْناهْ لِزَيْتُهْ
أَخَذْنا ٱلْمونهْ وَخَلّيناهْ بِجْرارُهْ
تَتيجي أَسْعارُهْ
خَرَطْنا وَجُلْنا ٱلْزّيتونْ رَصَعْناهْ لِرْصيعُهْ
مُقَبَّلْ قَدَّمْناهْ عَرَفْنا عَشيقُهْ
قَعَدِتْ بِبيتي وَغَمَّستْ خُبْزي بِزيتي
أَكَلِتْ وَناطَحِتْ ٱلْحَيطْ بِجيلي

* * *

حسام حمدان
كفرراعي/بوسطن
٢٠٢٢/١٠/١٩

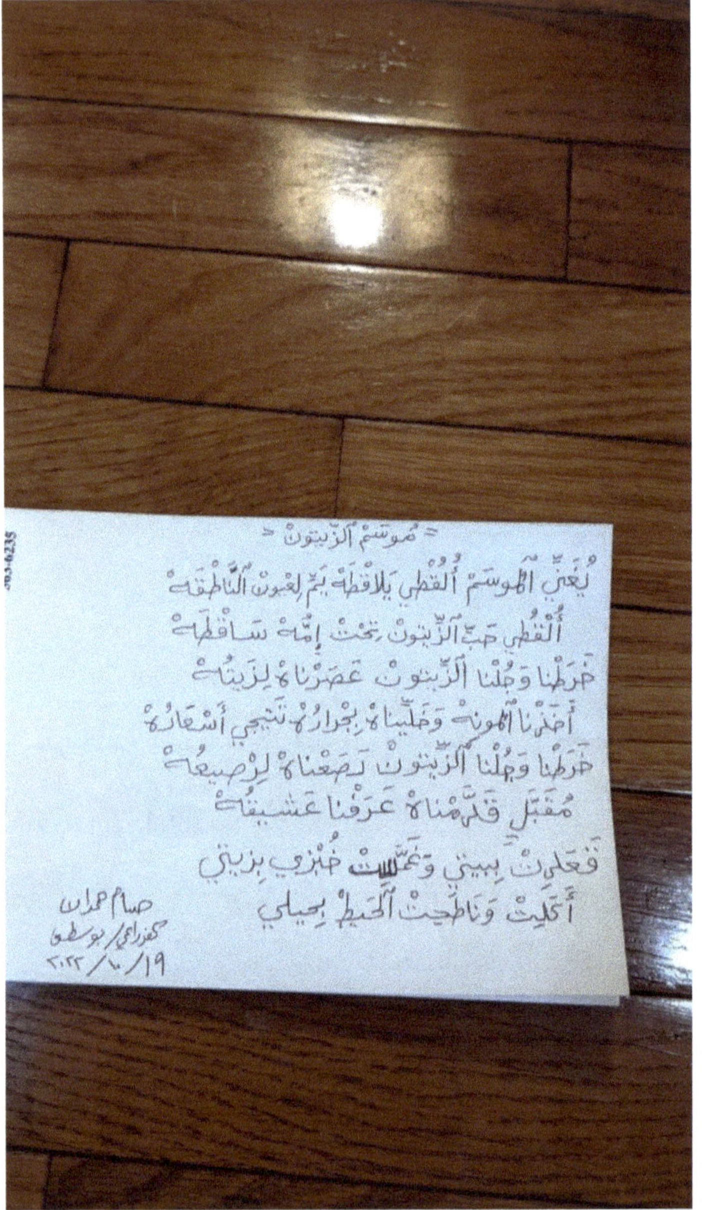

= موسم الزيتون =

يُغني الموسم القطفي بلاقطة يمّ لغصون الناطحه
القطفي حبّ الزيتون تحت إمّه ساقطه
خرّطنا وجلنا الزيتون عصرناه لزيتاه
أخذنا الهونه ومليناه بجراره تنجي أسعاه
خرّطنا وجلنا الزيتون نصعناه لرّصيعه
مقبّل قدّمناه عرّفنا عشيقه
فقعدن بيبيني وتحلّلت خُبزي بزيتي
أكليت وناطحت الحيط بحياتي

حسام حمدان
كفرامي / بوسطه
٢٠٢٣ / ١٠ / ١٩

صَبْره

صَبْرَةُ ٱلأَرْضِ بِأَلْواحِها تَذْكيراً لِلَ◯وْحاً مَحْفُوظاً

وَصِيَّةُ رَبَّ بِٱلشَّوْكِ يَحْميها ٱلْحَقُّ وَٱلصَّبْرُ مَكْتوباً

أَجوازُ ثَمَرِها ٱلْحَقُّ بِٱلصَّبْرِ تَحقَّقَ رَطَباً

❊ ❊ ❊

حسام حمدان
كفرراعي/بوسطن
٢٣/١٠/٢٠٢٢

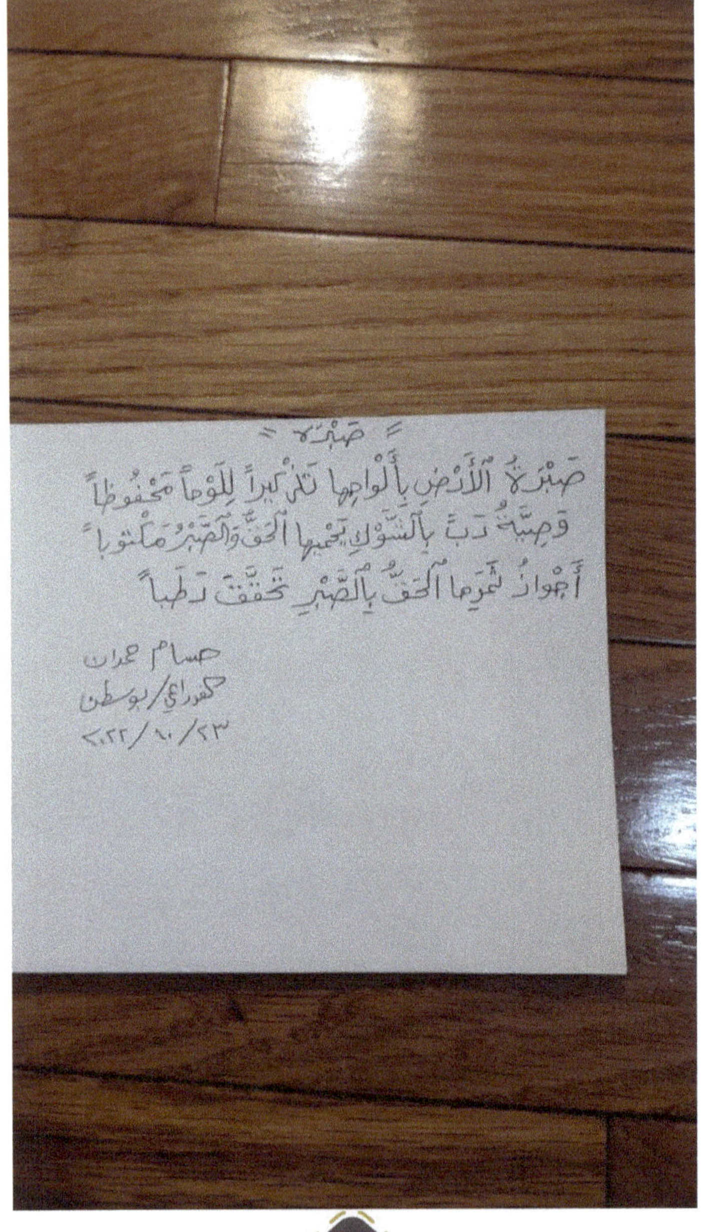
صَبْرَة
صَبْرَةُ الأَرْضِ بِأَلْوَاحِها تَذْكيراً لِلَّوْحِ المَحْفُوظِ
قِصَّةٌ دَبَّ بِالسُّلُوكِ تَحْميها الحَقُّ وَالصَّبْرُ مَأْثُوراً
إِخْوانٌ نَشَرُوها الحَقُّ بِالصَّبْرِ تَحَقَّقَتْ تَطَيُّباً

حسام حمدان
كفرواعي / بوسطن
٢٠٢٢ / ١٠ / ٢٣

وَيْحَك

نَحْنُ بالعُمرِ كِباراً

نَقْرأُ وَنُشاهِدُ وَنُتابِعُ أَخْباراً

وَيْحَكَ كَذِباً غَدْراً نَجْعَلُكَ عَجُوزاً عَويلاً

* * *

حسام حمدان

كفرراعي/بوسطن

٢٤/١٠/٢٠٢٢

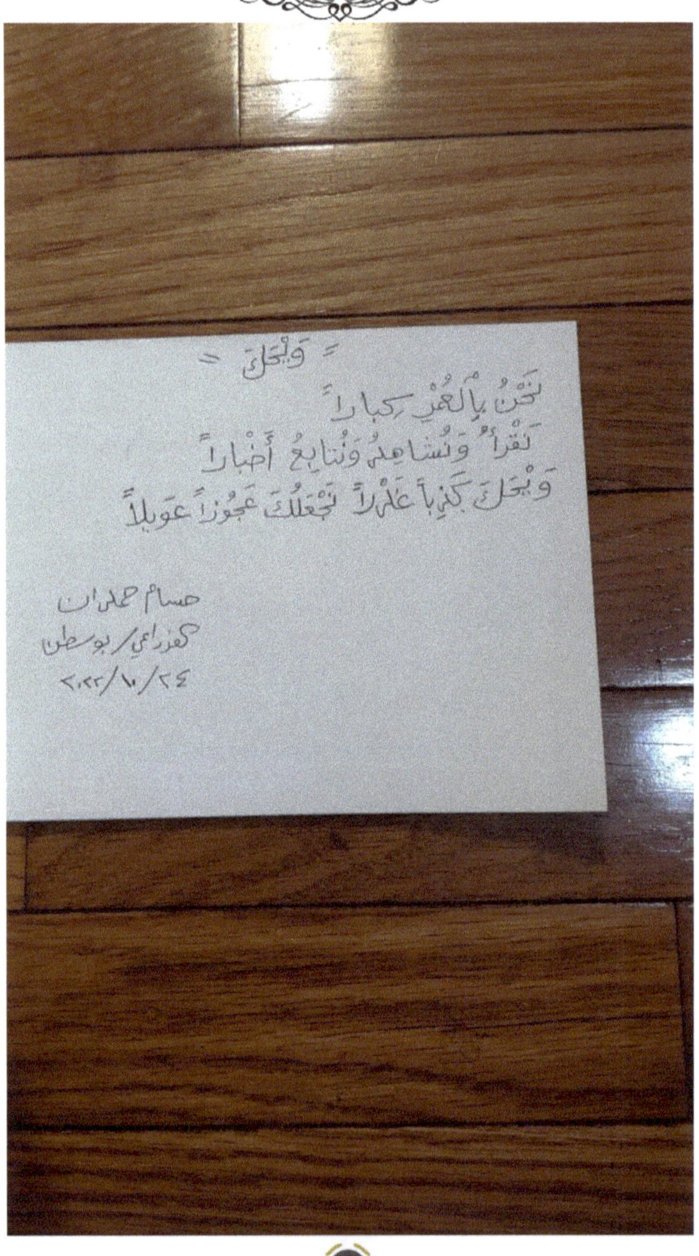

= وَيُحْكَى =

نَحْنُ بِالعُمْرِ كِبَاراً
نَقْرَأُ وَنُشَاهِدُ وَنُتَابِعُ أَخْبَاراً
وَنُحْكَى كُنَّا بِأَعْمَارِاً تَجْعَلُكَ عَجُوزاً عَوِيلاً

حسام حمدان
كفردامي / بوسطن
٢٠٢٢/١٠/٢٤

بالخَريفْ

جَاءَ ٱلخَريفُ أَوْراقَ ٱلشَّجرِ تُخَرْخِشُ بِقَلْبي
تَتَساقطُ عَلَى ٱلأَرْضِ بِصَوْتُ ٱلنّفس بِـصدْرِي
أَحِجَامٌ بِأَلْوانٍ ضِيقاً وِأَنْشِراحاً بِأَيَّامِ عُمْري
بالخَريفِ يُناجي ٱلقَلْبُ إِكْسوْني بِحُبٍ جَديدي
يُدَفِّيني وَيَشْرَحُ صَدْري بِأَنفَاسٍ حَبيبي

* * *

حسام حمدان
كفرراعي/بوسطن
٧/١١/٢٠٢٢

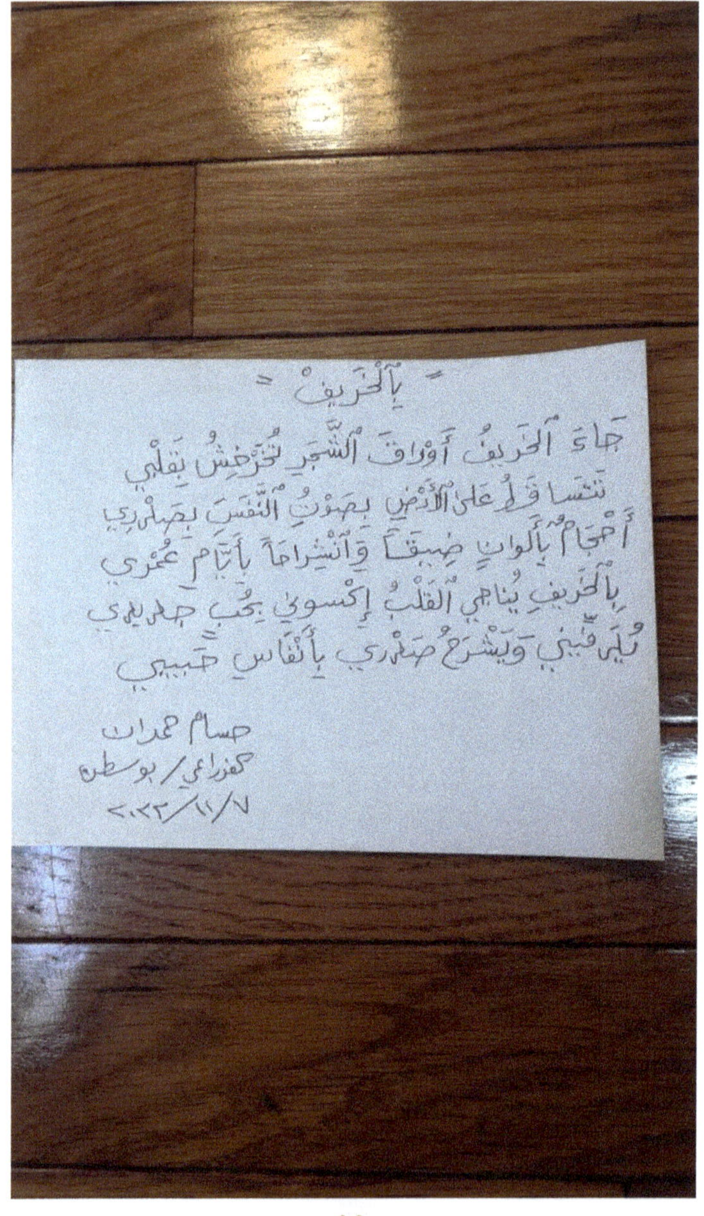

= يا الخَريف =
جاءَ الخَريفُ أوْراقُ الشَّجَرِ تُرَخْرِشُ بِقَلْبي
تَتَساقَطُ على الأرْضِ بِصَوْتِ النَّفْسِ بِحَنينٍ ريّا
أَحْلامٌ بِأَلْوانٍ ضيقاً وانْشِراحاً بِأَيّامِ عُمْري
بِالخَريفِ يُناجي القَلْبُ إكْسوني بِحُبّ جِسْمي يري
يُلَبّي قَلْبي وَيَشْرَعُ صَدْري بِأَنْفاسِ حَبيبي

حسام حمدات
كفرزايي / بوسطن
٢٠٢٣/١١/٧

لَعنهِ

فِدْيَةُ كَبْشٍ لُقْمةُ عَيْشٍ سَيِّداً ضَالْ

عَصاةٌ تَهِشُّ وَتَنِشُّ ٱلْمُشاةِ هَامَرٍ مَارْ

لَعْنَةُ ٱلدَّارْ وِٱلْمِشوارْ سَيِّدٍ جَارْ وَسَاءَ ٱلْجِوارْ

* * *

حسام حمدان
كفرراعي/بوسطن
١/١١/٢٠٢٢

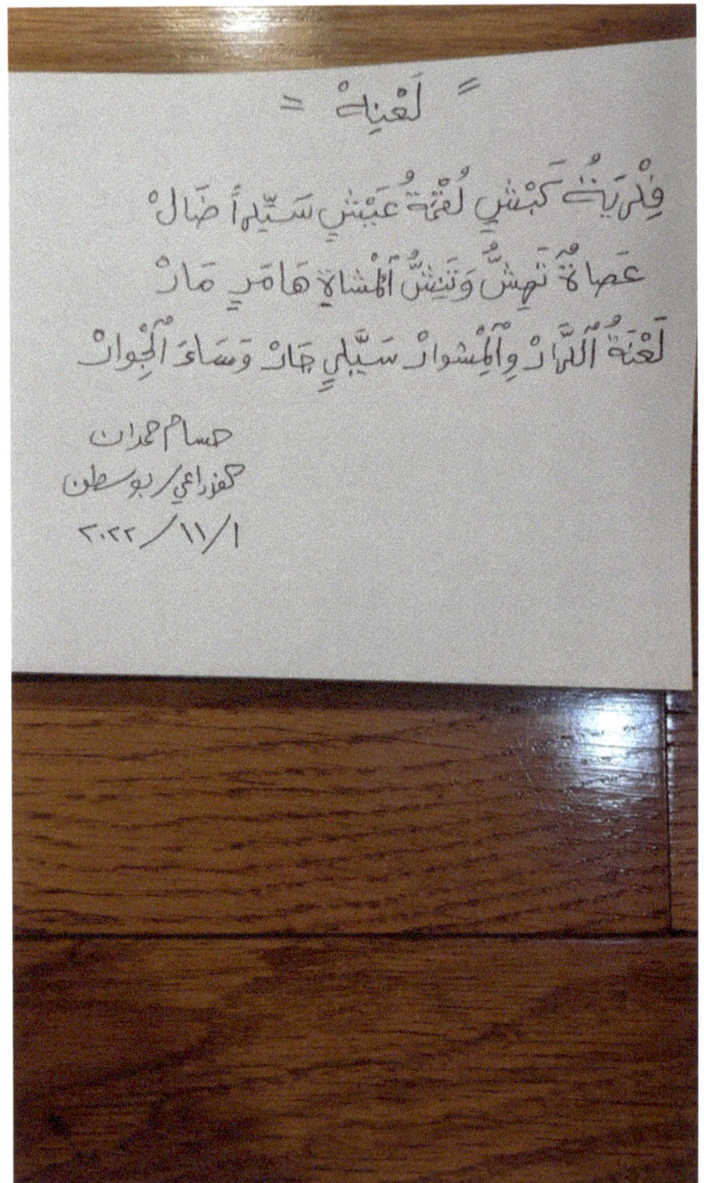

= لَعْنَة =

وَفِي رَيْنَ كَمْشِ لُعْنَة عَيْنِشِ سَيِّدَا ضَالْ
عِصَابَة تَهِشُّ وَتَنِشُّ الْمَشَالْ هَامَرِ مَارْ
لَعْنَة الْنَارْ وَالْمِشْوَارْ سَيِّلِي جَانْ وَمَسَاءَ الْجِوَارْ

حسام حمدان
كفرداعي / بوسطن
٢٠٢٢ / ١١ / ١

كِذْبة

كَذَبَ وَيَكْذِبْ ٱلْكِذْبَةْ عَتَبَةٍ مُتْعِب

كَتَبَ وَيَكْتُبْ ٱلتَّعب مَعاهْ يِفْتَحْ وَيِقْلِبْ

يِقْلِبْ مُتْعِبْ قَلْبَك وَقَلْبِي عَٱلْوَطَنٍ مُقْرِب

* * *

حسام حمدان
كفرراعي/بوسطن
١١/١١/٢٠٢٢

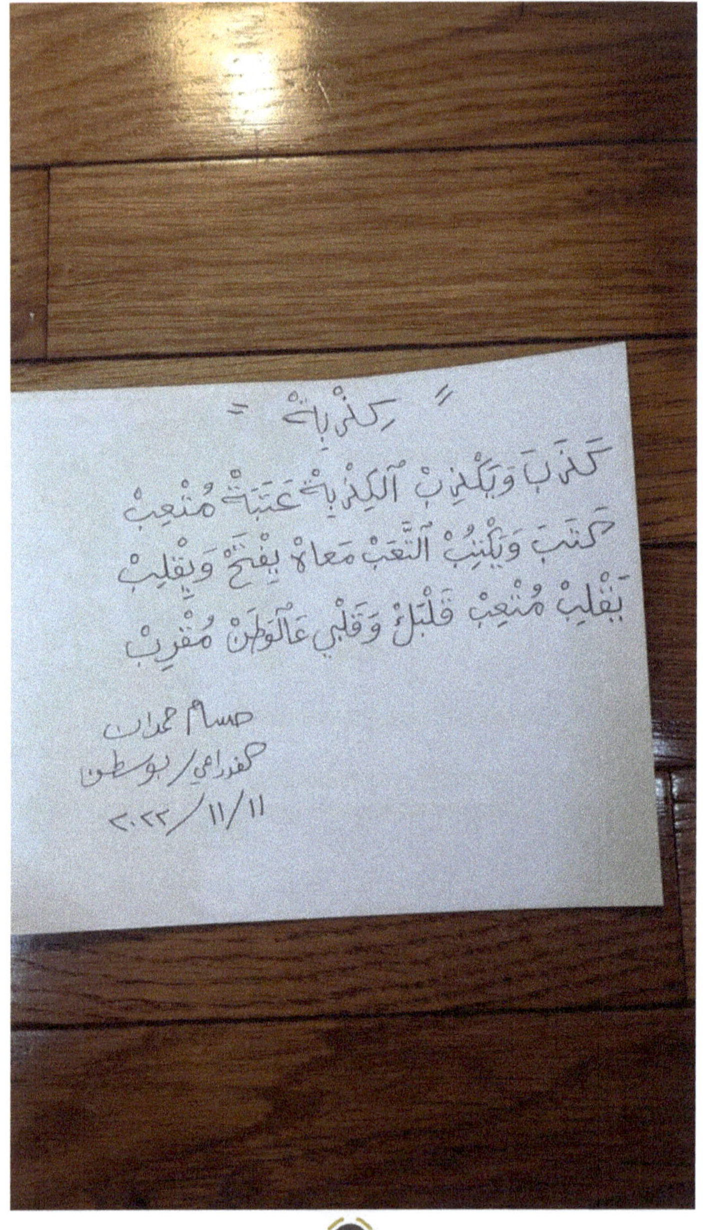

كِنْ رَاتٍ

كذَّبْ وِيْكَذِّبْ اللي بِتْعَتَّبْ مُتْعِبْ
كتَبْ وِيْكِتِبْ التَّعَبْ مَعاهْ يِفْرَحْ وِيْقَلِّبْ
يِقْلِبْ مُتْعِبْ قَلْبَكْ وَقَلْبِي عَالْوَطَنْ مُقْرِبْ

حسام حمدان
كفرام / بوسطن
٢٠٢٢/١١/١١

جَاهَةْ

عَسَاحْةِ ٱلبِيرْ عَمَلْنا حُوطِةْ كَراسِي وَطَرابْزِينْ

تَعَدَّتْ مَخَاصِيمْ عَدَّتْ عَلينا مَعازِيمْ

حَينَاهُمْ وَقَعَّدْنَاهُمْ لَفِّينا عَليهُمْ بِصِنِّيِه وَفَناجِينْ

فِنْجانْ قَهْوِه وَتَمْرَه تَبَسَّمَ ٱلوَجْهُ بِنَضْرَهْ وَسِيمْ

جَاهِة أَجاوِيدْ أَبْدَتْ حَلهَّا لِنزَاعٍ بَيْنَ ٱلمَوْجودِينْ

سِمْعَتهَا وَقِبْلَتْهَا رَدَّتْ مَا عَليكْ زُودْ جَاهَكْ كَرِيمْ

*** * ***

حسام حمدان
كفرراعي/بوسطن
١٧/١١/٢٠٢٢

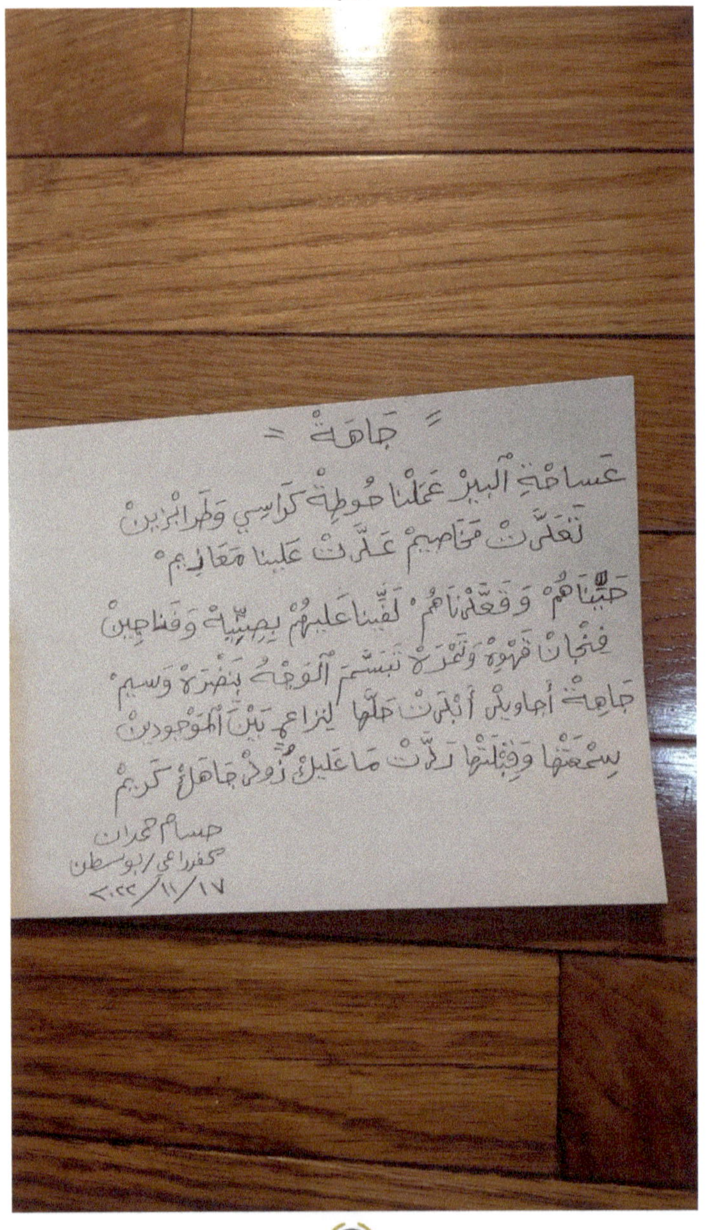
= جاهة =
عسافة البير عملنا حوطة كراسي وطرابزين
تعنّت مقاصيم عتّرت علينا مقاليهم
حيّاهم ووقعنّاهم لقينا عليهم بصينية وفناجين
فنجان قهوة وتمرة تبسّم الوجه بنضرة وسيم
جاهة أجاويد أنّبتن حلّها لنزاعيم بين الموجودين
يسمعنّها وقبلنّها لكّنّت ما عليك نوّم جاهل كريم
حسام حمدان
كفر راعي / بو سطن
٢٠٢٢/١١/١٧

كِتَابٌ

كِتَابِي بَيْنْ إِيدَيّ

مَا أَكْتُبُ فِيهِ حَشُوفُهْ أَرَاهُ بِعينَيّ

وَعْدِ رَبّاً لَنَا وَصِيّهْ

أَنْ نَكْتُبَ بِصِدْقٍ وَحُرِّيّهْ

يَلِحُّ ٱلْقَدَرُ عَلَيّ أُصْبُرْلَكْ شِوَيّ

لَك بِٱلْحْيَاةِ أَقْلاماً وَقَضِيّهْ

تَنْمو ٱلْكَلِماتِ بِثَنايا ٱلْعُمْرِ صَنوبَرِيّهْ

فِلْفِل وَمِلْح أَثَرُ ٱلأَصَابِع بِخُصِلاتُ ٱلشَّعْرِ فَلَسطينيّ

* * *

حسام حمدان
كفرراعي/بوسطن
٧/١١/٢٠٢٢

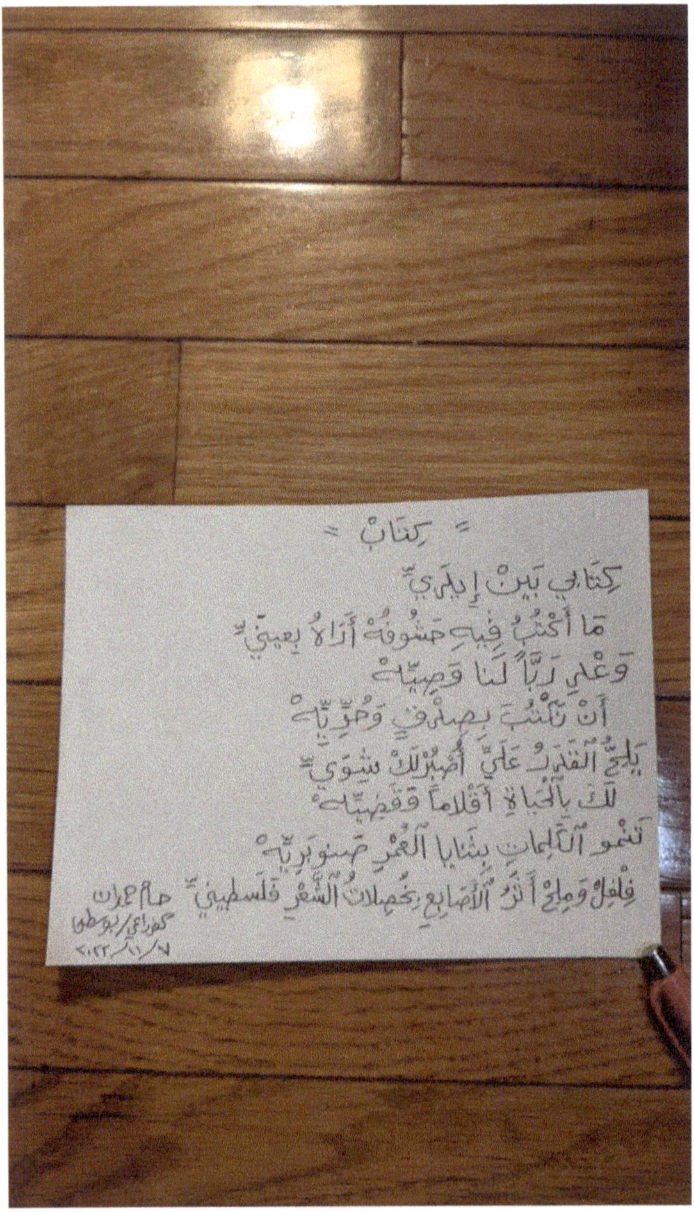

= كِتابٌ =

كِتابي بَينَ إيدَيَّ
ما أكتُبُ فيهِ مَشوفُهُ أراهُ بِعَيني
وَغَنّى رَبّاً لَنا وَصيّا
أن نَكتُبَ بِصِدقٍ وَحُرّيّة
يَلِجُ القَدَرُ عَلَيَّ أُضَبِّرلَك شِوى
لَك بِالحَياةِ أقلاماً قَفَضِيّا
تَنمو الكَلِماتُ بِثَنايا العُمرِ صَنوبَريّة
فَلفِلٌ وَمِلحٌ أنَّ الأصابِعَ بِخَصلاتِ الشِعرِ فَلَسطينيّ

حَمّام عِمران
كفراعي / بوطى
٢٠٢٣/١/٧

مَقَامْ

طَارِ ٱلوَرَقْ وَجَفَّتْ أَقْلامْ

بَحَشُوا ٱلأَرْضْ وَنَصَبوا أَعْلامْ

نَحْتَ حِجارةٍ بِريعانْ ٱلشَّبابِ أَحياءً قِيامْ

* * *

حسام حمدان
كفرراعي/بوسطن
١/١١/٢٠٢٢

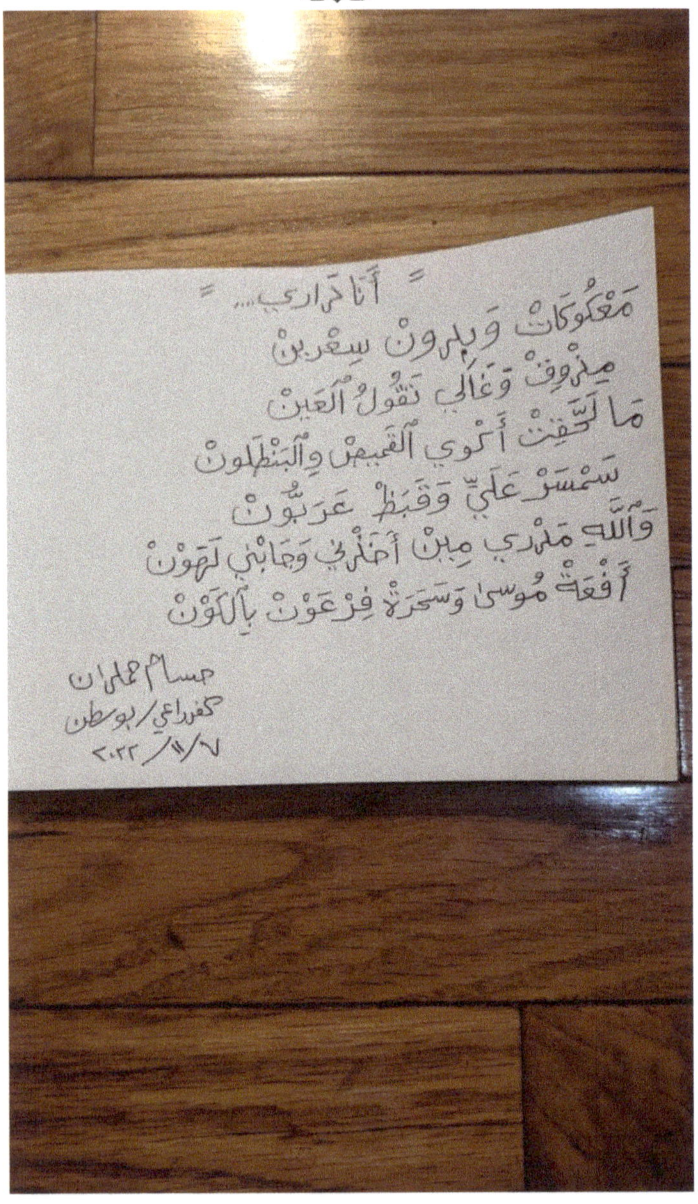

= أَنا خَرارِيبْ ... =
مَعْكُوكَاتٌ وَبِلْيونْ سِعِرِينْ
مِنْيُوفْ وَغَالي تَقُولُ الْعِينْ
ما لَحِقِتْ أَكْوي الْقَميصْ وَالبَنْطَلونْ
تَشْمَشْ عَلَيّ وَقَبْظْ عَرَبُونْ
وَاللهِ مَشْرِبْ مِبِنْ أَحَلّي وَعَابِني لَهَوْنْ
أَرْفَعَهْ مُوسى وَسَحَرَهُ فِرْعَوْنْ بِالْكَوْنْ

حسام حملان
كفرداعي / بوطن
٢٠٢٢ / ١١ / ٧

كَحَّاتِه/chحَّاتِه

أَسْفَاراً عَظَّهْرُ بَعِيرْ وَقُوْد عَقْلاً بِالغَبَاءِ سَعِيرْ

عِيدَانُ كَحَّاتَةٍ كَلِماتُ تَكَحَتُ لِوَلْعَةٌ ضَمِيرْ

كحْتِهْ بَعذْ كَحْتهْ كَلِماتُ ٱلغَبَاءِ لاَ تُثِيرْ

كُثْرُ ٱلِحَكِّ يَجْرَحْ وِالْجُرْحُ مِنَ ٱلْبَعِيرِ يَطْرَحْ يُعِيرْ

جَنْبُ ٱلْكَحَّاتَةِ إهْتَرىٰ وَرؤوسُ عِيدانِها بعيونٍ حَمْوىٰ لَا تَرىٰ

جَارُوراً صَغِيراً مَفْتُوحْ لَيْسَ فِيهِ لِلْكَلِمَاتُ مَاَ يُولِع وَيَنِيرْ

أَدْراكَ وَمَا أَدْراكَ يَرْفُسُ بِعَقْلٍ بَعِيرْ

* * *

حسام حمدان
كفرراعي/بوسطن
٥/١١/٢٠٢٢

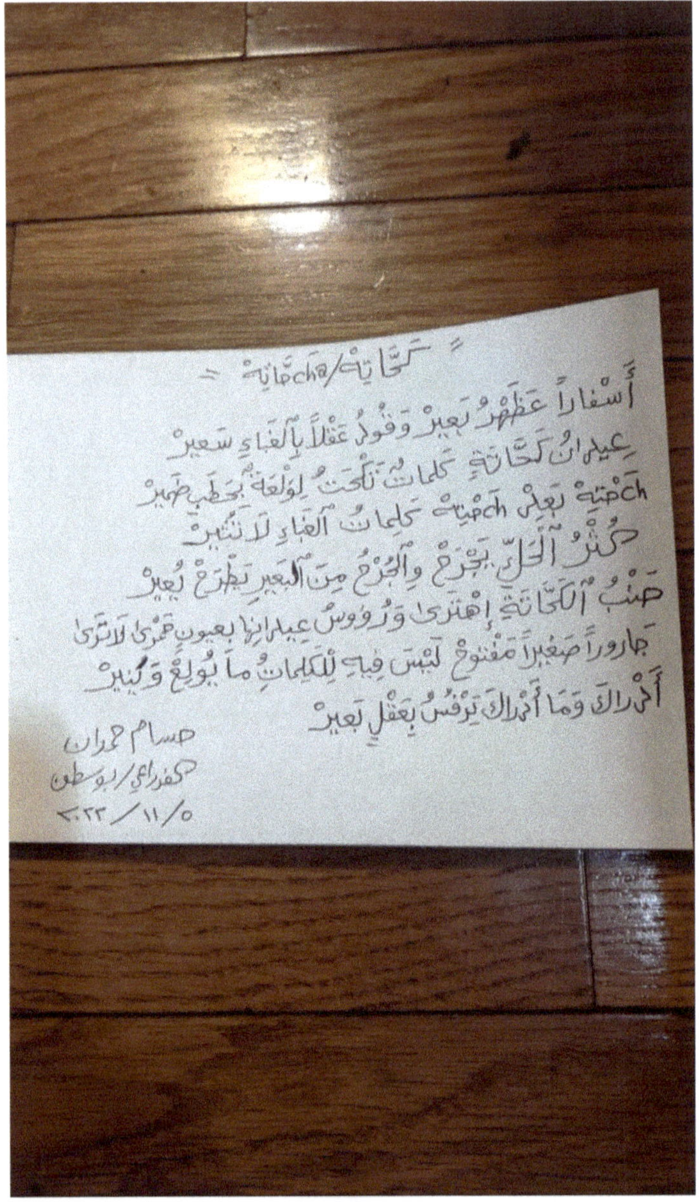

كتابيّة كمانيّة

أسفاراً عظمٌ نعبرُ وفودٌ عقلاً بالغباءِ سعيرٌ
عينانِ كتابةٌ كلماتٌ نكتبُ لؤلؤةٌ بخطّي طهيرٌ
كمّيّةٌ نعيشُ كمّيّةٌ كلماتٌ الغباءِ لا تنيرُ
كثرُ الحلِّ يجرحُ والجرحُ من البعيرِ يطرحُ نعيرٌ
حسبُ الكتابةِ أهتدي ورؤوسُ عيدانِها بعيونٍ قمري لا ترى
جاروراً صغيراً مفتوحٌ لبسَ فيهِ للكلماتِ ما يولعُ قديرٌ
أحبُّكَ وما أحبُّكَ تُرفسُ بعقلٍ بعيرٌ

حسام حمدان
كفرداعل / ريف ادلب
٢٠٢٣/١١/٥

سُكُوت

أَلسّكُوتْ يَبانْ لَمِنْ يَتَحَكَّمْ بِمَفْهُومْ أَخْلاقْ اَلإِنْسانْ

أَحْياناً اَلسّكُوتْ عِنْد اَلنّساءْ لِلرّجالِ حَياءْ

وَأَحْياناً اَلسّكُوتْ عِنْدْ اَلرّجالْ لِلنّساءِ بَقاءْ

بَقاءُ حَياءْ أَصْلاً وَفَصْلاً بِغَضّ اَلنَّظَرِ عَنْ فَوْضىٰ

وَسُكونْ اَلمَكانْ

أَلسّكُوتُ بِالحِرمانِ وِالظُّلْمْ زِلَّةً

لَا تُبْقِي لِلْحَياءِ مَكَاناً بِمِلَّةً

بِالسّكُوتِ يَبانْ بِأَخْلاقِ إِنْسانْ

* * *

حسام حمدان
كفرراعي/بوسطن
١١/١١/٢٠٢٢

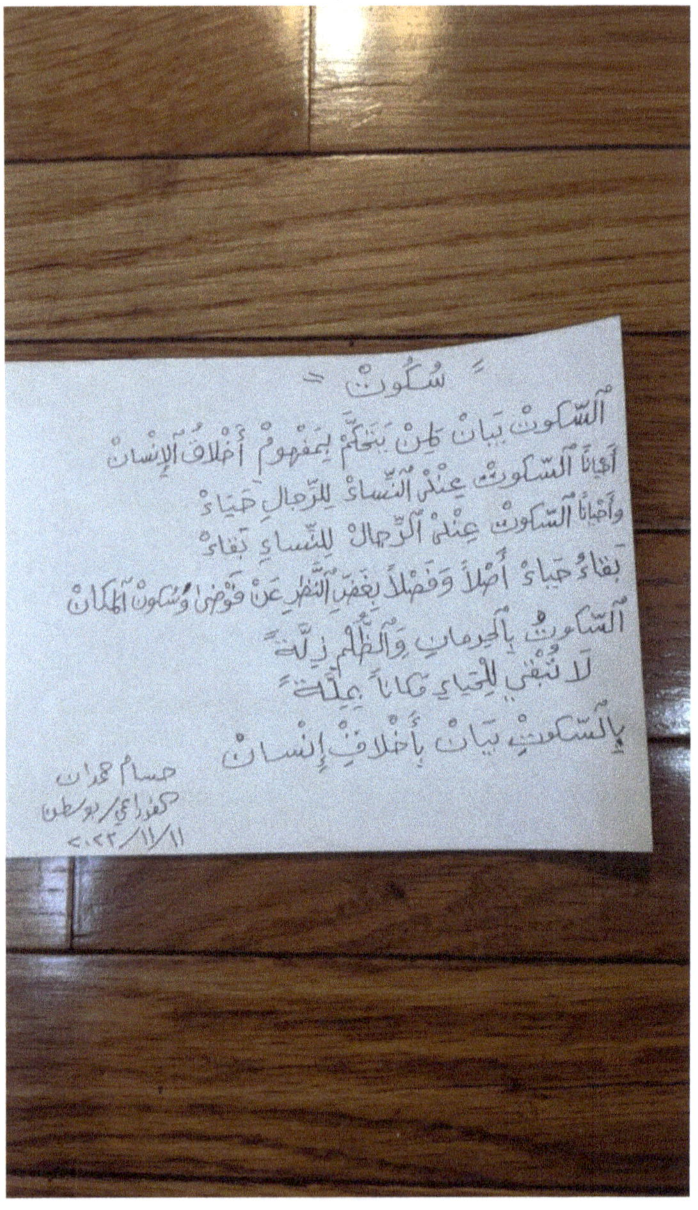

سُكوت

السُّكوت بَيان لكن لكن بَتحكم بمفهوم أخلاق الإنسان
أحياناً السُّكوت عند النساء للرجال حياء
وأحياناً السُّكوت عند الرجال للنساء بقاء
بقاء حياة أصلاً وفضلاً بغض النظر عن فوضى وسكون المكان
السُّكوت بالحرمان والظُّلم ذِلّة
لا تَبقى للحياة معناً عِلّة
بالسُّكوت بَيان بأخلاق إنسان

حسام حمدان
دكتوراه / بوسطن
٢٠٢٢/١/١١

وَعِدْ

سَكَتَتْ، رَنِّةْ ذَهَبْ أَلْفْ مَبْروكْ يَا وَلَدْ

زَغْروتِةْ عَقِدْ عُقِدَ قَرَانْ بَهْجِةْ عَتَبِهْ عَالْبَلَدْ

تَضامُنْ جَديدْ عَزيزْ حَسَبْ وَنَسَبْ مَا وَعَدْ

***

حسام حمدان
كفرراعي/بوسطن
٢٩/١٠/٢٠٢٢

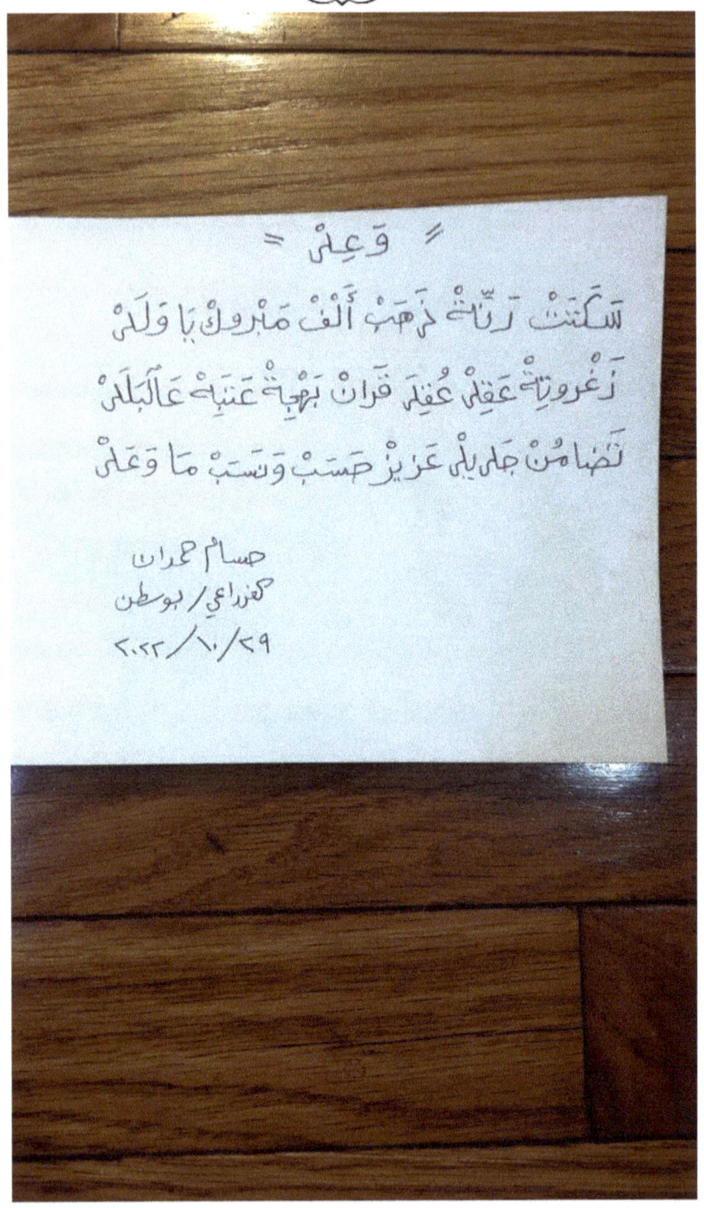

= وَعِنّى =
سَكَنَتْ رَنَّتْ خِهِمْ أَلْفْ مَبْرُوكْ يَا وَلَدْ
زَغْرُوتِةْ عَقْلْ عُقْلَ قِرَانْ بَهْجَة عَنَبْة عَالْبَلَدْ
تَضَامُنْ جَلَّى لِنْ عَزِيزْ حِسَّبْ وَتَسَبْ مَا وَعَنْ

حسام حمران
كفرزاي / بوطن
٢٠٢٣ / ١٠ / ٢٩

أَمَانه

نَطُوفُ فِيهِ وَحَوْلَهُ مِنْ رَبَّكَ مُبَارَك

أَمَانةً إِنْحَطَّتْ بِعُنْقَك

لَا تَدَعْ حَبْلُ ٱلْخِيانَةِ يَشْنُقَك

تُرَاثَك وُعَادَاتَك وَتَقَاليدَك مُبَارَكين

لِإنَّكَ مِنْ وَفي مَكانْ بَارَكَهُ رَبُّ ٱلْعَالَمين

أَنْتَ تَعْرِفُ ٱلمكانْ إِنْ كُنْتَ لِلتَّاريخِ صَادِقْ أَمينْ

* * *

حسام حمدان
كفرراعي/بوسطن
١٦/١١/٢٠٢٢

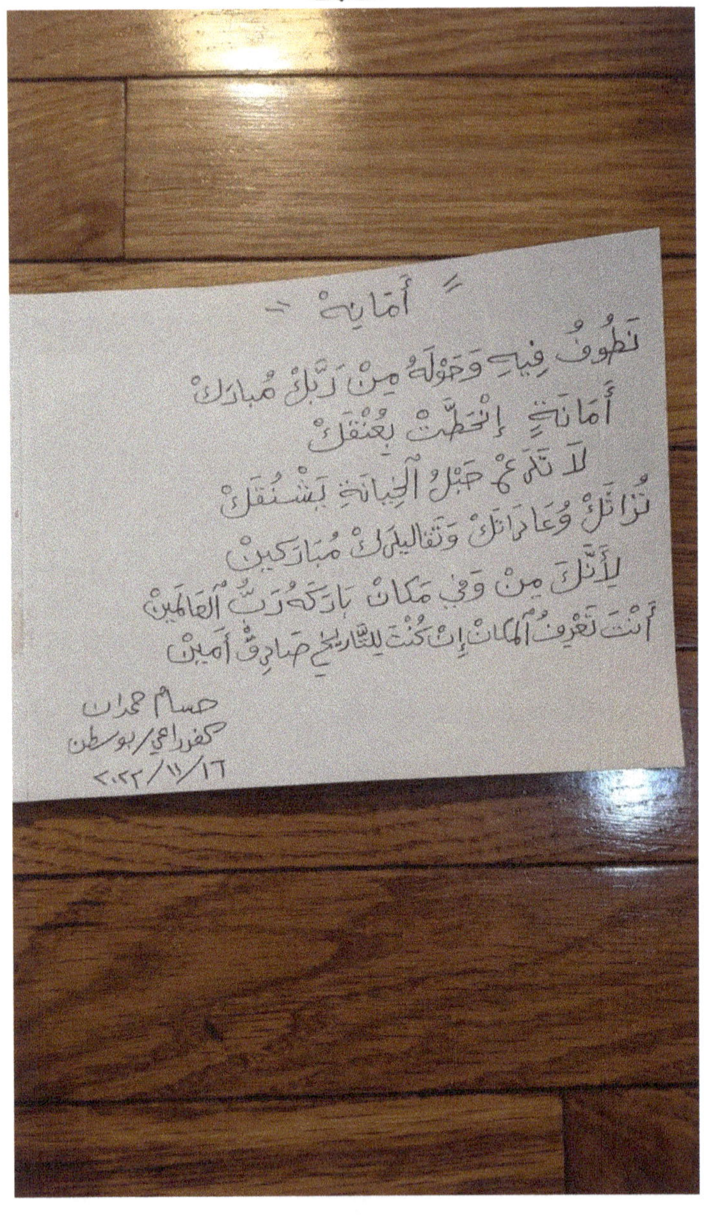

أمانة

تَطُوفُ فيهِ وَحَوْلَهُ مِن نَبْلٍ مُبارَكٍ
أَمانَةٌ أُنِطَّت بِعُنُقِكَ
لا تَنَمْ عَنْ حَبْلِ الحِيانَةِ يَشْنُقُكَ
تُراثُكَ وَعاداتُكَ وَتَقاليدُكَ مُبارَكِين
لِأَنَّكَ مِن وَفي مَكانٍ بارَكَهُ رَبُّ العالَمِين
أَنتَ تَعْرِفُ المَكانَ إِن كُنتَ لِلتّاريخِ صادِقٍ أَمِين

حسام حمدان
كفرراعي / بوسطن
٢٠٢٣/١١/١٦

يَا سُتَّارُ

بَاعْ ٱلْحَمِيرْ وَٱلْبِغالْ مُتَحَضِّراً يَا سُتَّارْ

إِشْتَرىٰ تَرَكْتُرْ بِعودِ أَحْراثْ رِكْبُهْ بِنَهارْ

حَرَثْ حَبايِلْ وَقَطايِنْ وَذُرعانْ غَيَّرْ أَرْضَ ٱلدَّارْ

مَعَالِمْ وَذِكْرياتْ إِنْدَثَرتْ بُأَرْضاً مُسْتَوِيةً عَارِية

ٱلهَشارْ

نَحِنُ لِأَرْضٍ كَانَتْ بِزَمَنٍ فَوَّاحَةٍ لِأَفْكارٍ وَأَشْعارْ

***

حسام حمدان
كفرراعي / بوسطن
٢٤/١٠/٢٠٢٢

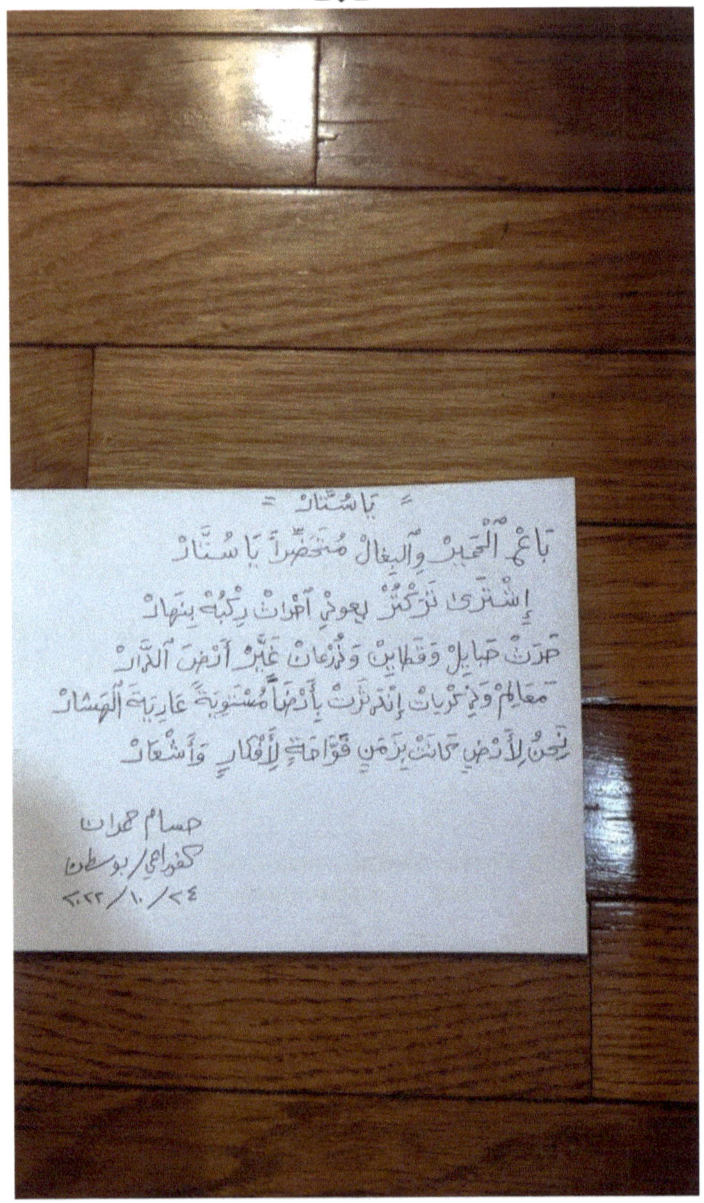

يا سِنّار

باعَ الحميرَ والبغالَ مُحتَضِراً يا سِنّار
إشترى تُركُثَ لِعوني أمراتْ رُكَبُه بِنهار
تُرِكَت حَبايِل وقَطايِن وَزُرعان غَيرُ أَرضِ الدّار
معالِم وذِكريات إندَثرَت بِأَرضاً مَشنوبَة عاريَة الهِشاش
نَحنُ لِلأرضِ كانَت بِرَمَن قَوّامَةٍ لِلأفكار وَأَشعار

حسام حمران
كفرياسي / بوسطن
٢٠٢٣ / ١٠ / ٢٤

ثَمَنْ

يَمُرُّ ٱلْحُرُّ عَلَيْنا مُرورَ ٱلْكِرَامْ

مِرَاراً لاَ نَعْرِفُ مَوْعِدَهُ قَصْدَهُ بِهَاجِسِنا ٱلسَّلَامْ

نُجَادِلْ نِسَامِحْ نُصَافِحْ نُكَافِحْ بَيْنَنَا خِصَامْ

تَوَقَّفْ إِسْأَلْ عَنَّا وِٱسْمَعْ مِنَّا ٱلْكَلَامْ

لِلْحُرِّيَةُ ثَمَناً لَا يُقَدِّرهُ إِلاَّ مِنْ أُبعِدَ بِلَيْلَةِ غَرامْ

***

حسام حمدان
كفرراعي/بوسطن
٣/١١/٢٠٢٢

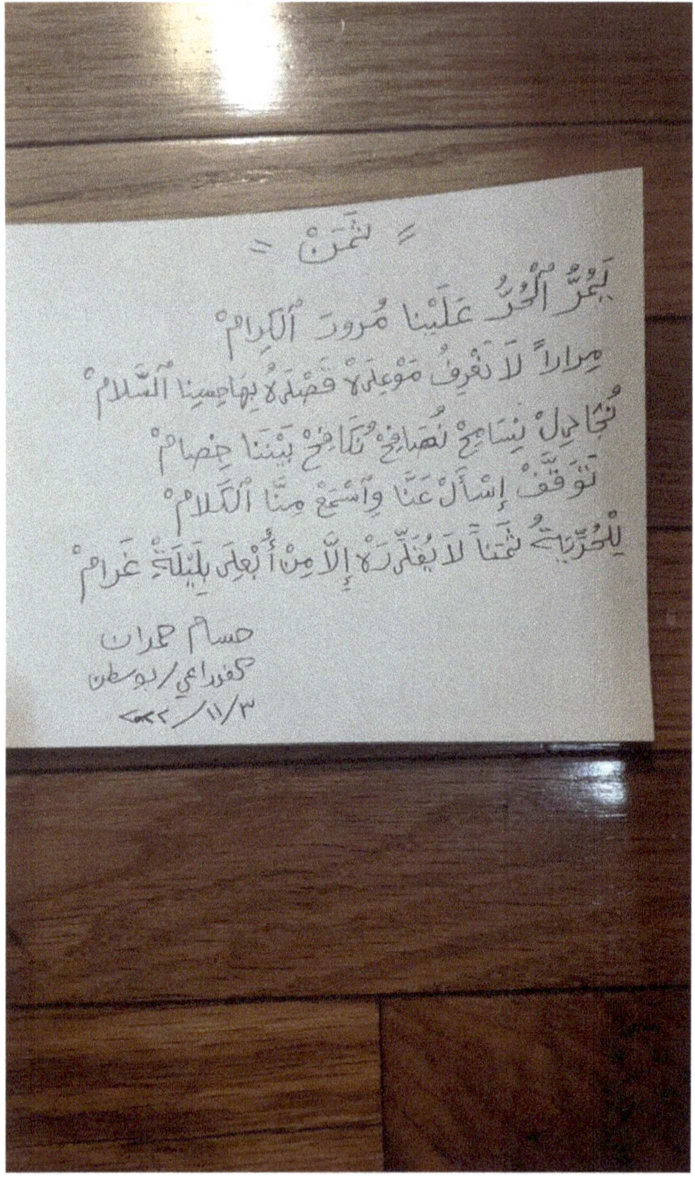

= نُثمّن =

يَمُرُّ الحُرُّ عَلَيْنا مُرورَ الكِرام
مِراراً لا تَعْرِفُ مَوْعِلَهُ فَضْلَهُ بِهاجِسِنا السَّلام
نُجامِلُ نُسامِحُ نُصافِحُ نُكافِحُ بَيْنَنا خِصام
تَوَقَّفْ إِسْأَلْ عَنّا وَاسْمَعْ مِنّا الكَلام
لِلْحُرِّيّةِ ثَمَنٌ لا يُعْلى إلّا الأمنُ أُنْعِلى بِلَيْلَةِ غَرام

حسام حمران
كفرومي / بوسطن
٢٠٢٢/١١/٣

أَخِ

بِدُورْ بِدَوِّرْ بِدُورْ بِدُوخْ

مَطْروحْ لِفَتْرَه حَبّةْ أَسْبرين وَكَاسِةْ مَيّهْ بِروقْ

تَعَوَّذْ وَقَّف حَكّ رَاسُهْ خُطُواتْ مُرورْ

بِدَوِّر بِحُوس بِدَوِّرْ بِالْحِسْبِهْ بِحوزْ

غَيْرُه بِيَدْ غِيرُه دَوَّرْ يِدُورْ مُحَيَّرْ

اَلْعَقِلْ نَوَّرْ اَلزَّمَنْ لِلْواقِعْ غَيَّرْ

مِنَّكَ أَخ وِعِدْ وَاعِدْ قَعْدِةْ اَلطَّاوُلِهْ كَانَتْ بْكِّيرْ إِلَّخْ

* * *

حسام حمدان
كفرراعي/بوسطن
٦/١١/٢٠٢٢

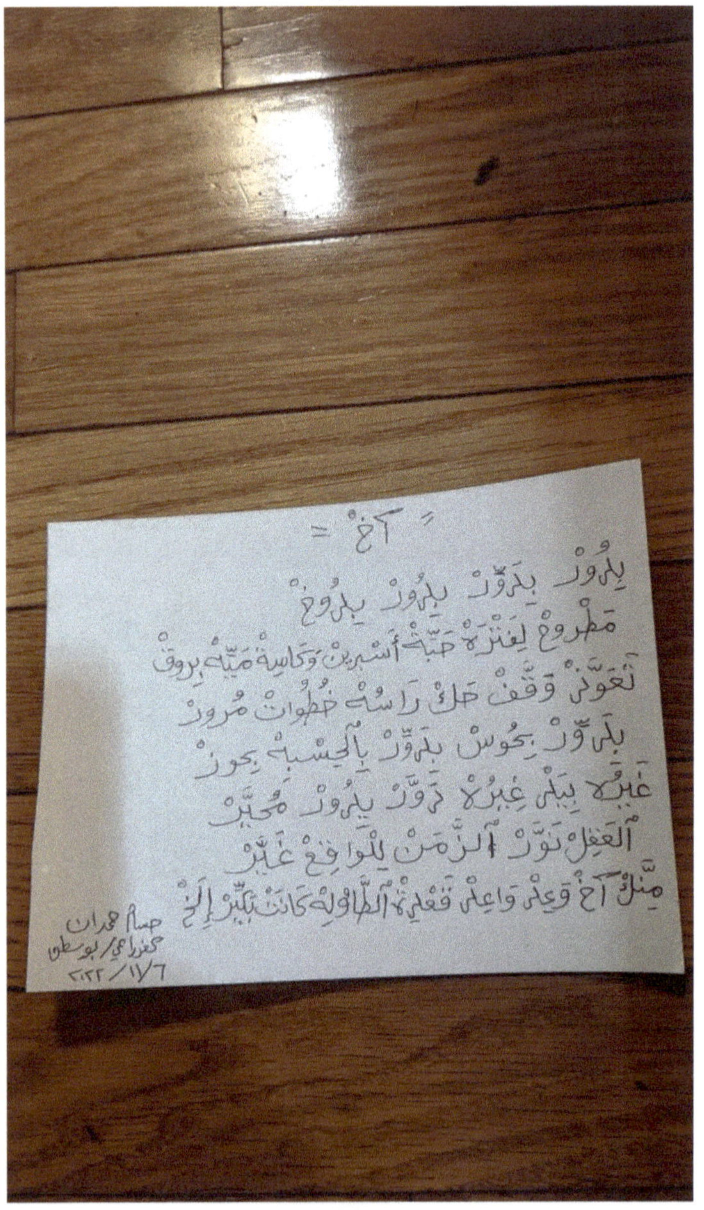
آكَغْ =

بِلبُّونْ بكَّوّنْ بلبُّونْ بِلبُّوح
مَطروح لِغترة حبّة أَسبرين وَكاسية ميّة بروق
تغوّى وقّف حلك راسه خطوات مرون
بلبّوّن بخوس بلبّوّن بالجيشبة بحون
غبرة بلي غبرة دوّر بلبّوّن محيّر
العقل نوّر الزّمن للوافع غير
منل آخ وعى واعى فعدى الطاولة كانت بكير إخ

حسام حمدان
كفرا حمى / يوسطن
٢٠٢٢/١/٦

بِلاَ شَكْوى

وَيْنَكِ يَا دَلْدَلْ

بَغْلَةُ نَبُّينا وَرَسُولَنا اَلْمُهَلَّلَ

هِلِّي عَلينا عُزَّلْ

ثيري حَرْثُنا اَلْمُكَبِّذْ نَزْرَعُ أَتْلامَ اَلْمُدَلَّلْ

حِلْمُ عَصْفورً عَلَّلْ

إِحْمارِتْنا حَرْثَتْ تِلالُنا وِجِسْمُ اَلْبَغْلِ مُكَلَّلْ

***

حسام حمدان
كفرراعي/بوسطن
٢٣/١٠/٢٠٢٢

 بِلَا شَكْوَى

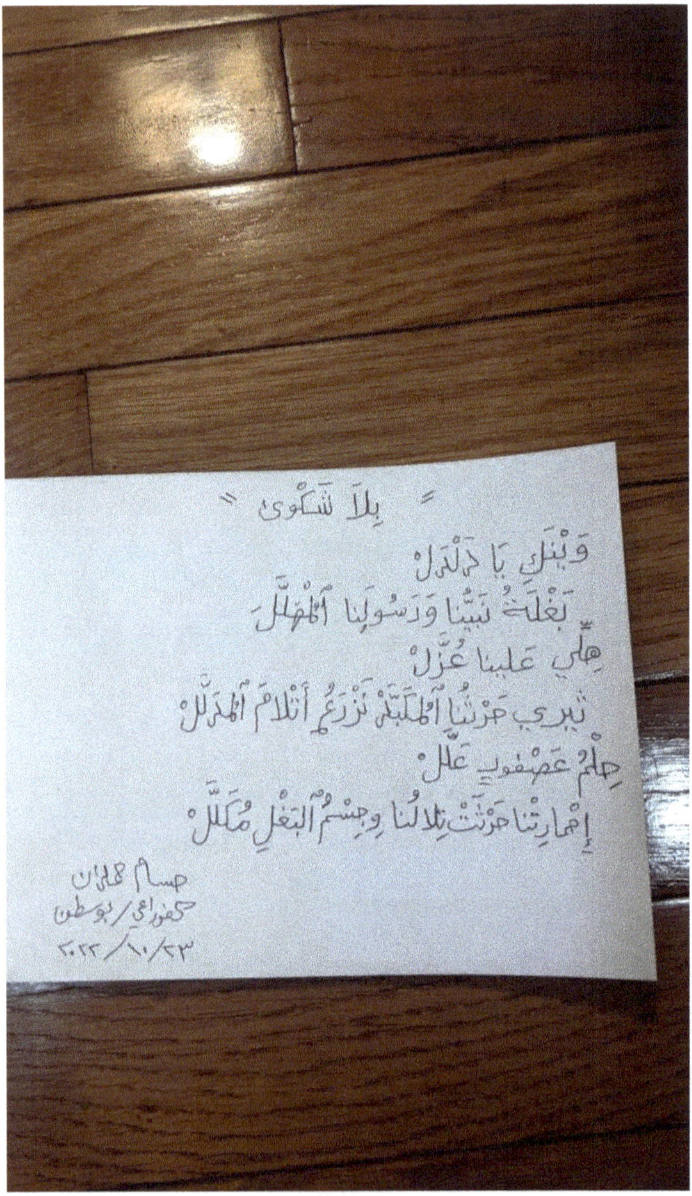

سَيَأْتي

طَارَتْ مِنْهُ عَرْش

وَعَلَى ٱلْأَرْضِ حِبْراً عَلىٰ وَرَقاً مَدْرْش

عَواصِفْ وَرياحْ حَبْعَثْ مَعْلَشْ

ٱلْجِنُ ثُعْباناً وَإبليسُ جَرْدوناً لَهَا جُحوراً مَقْدَرْش

كَحيلُ ٱلْعَيْن بِكُحْل ٱللَّيْلْ بِعْثَةُ جَيْش

صَلّ عَلَيهِ نُوراً بِنُورٍ خَارِقٌ مَتِقْلَقْش

***

حسام حمدان
كفرراعي/بوسطن
٢٩/١٠/٢٠٢٢

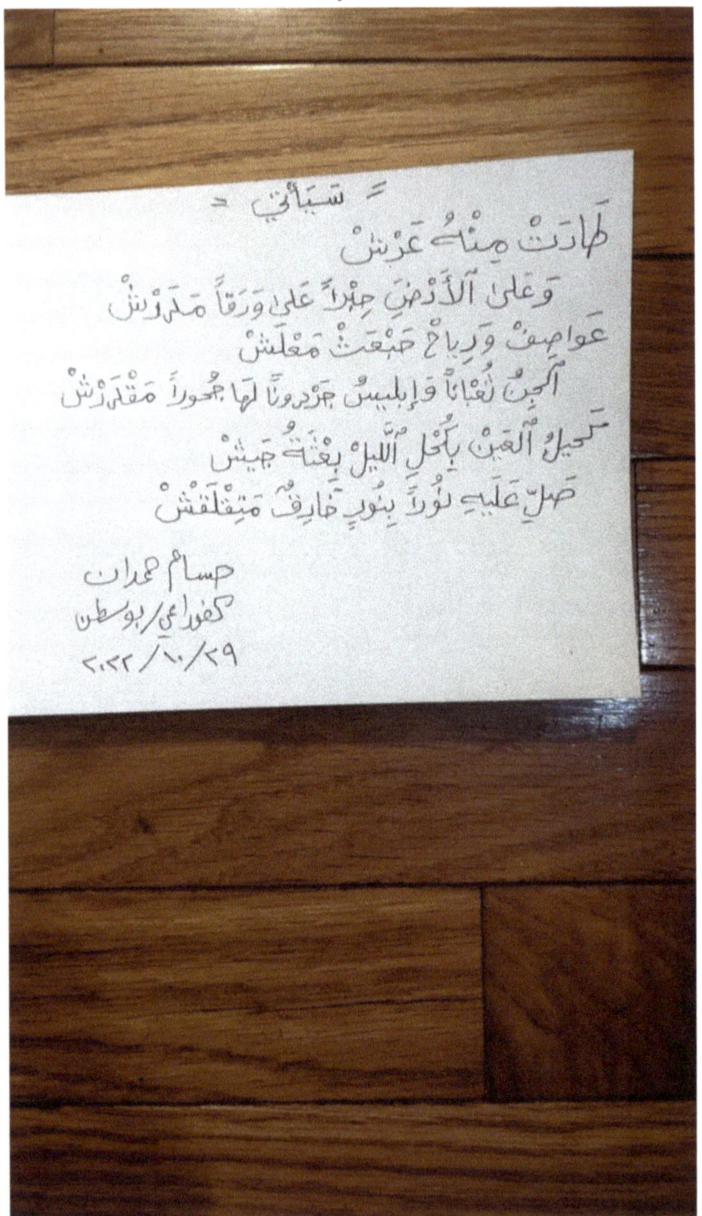
ـ تسبّأني ـ

طَارَتْ مِنهُ عَرشُنْ
وَعَلَى الأَرضِ جِبْراً عَلَى وَرَقاً مَدَرّشْ
عَوَاصِفُ وَرِياحٌ صَنَعَتْ مَعَلِشْ
الحُبُّ لَغْبانا وإبليسُ جَرّدونا لَها جُحوراً مَقَرّشْ
تَخَيّلِ العَينِ بِكُلِّ اللّيلِ بَغتَةَ جِيشْ
صَلِّ عَلَيهِ نوراً بِنورِ خايِفٌ مِتقَلقِشْ

حسام حمدان
كفوراوي / بوسطن
٢٠٢٢ / ١٠ / ٢٩

إِمِّي وبُوي

ثُوبِكْ يَمَّهِ عَلَى ٱلْعَلاَّقَهْ مُعَلَّقْ

زِنَّارُهْ عَوَسْطُهْ مَعْقُودْ وَبِجِيُبهْ بُذورْ

تَنْتَظِرُ حَنانْ وَبَرَكَةْ يَدَيْكِ لِتُزْرَعُ بِأَرْضٍ بُورْ

قُمْبازَكْ يَبُويْ مُعَلَّقْ طَويلْ فَخُورْ

أَثَرُكْ بِجْيابُهْ وَعَلَى وَسْطُهْ سَبَكْ مِنْ جِلْدٍ صَبُورْ

لَيِّنْ بِخْزُروقْ شَدِّينا فِيهْ حِمْلِ ٱلظُّهورْ

إِمِّي وَبُويْ مِنْ أَهْلِ ٱلْقُبُورْ

بِيْنَهُمْ أَمْيالْ مُحيطاتْ وَبحُورْ

***

حسام حمدان
كفرراعي/بوسطن
١٥/١١/٢٠٢٢

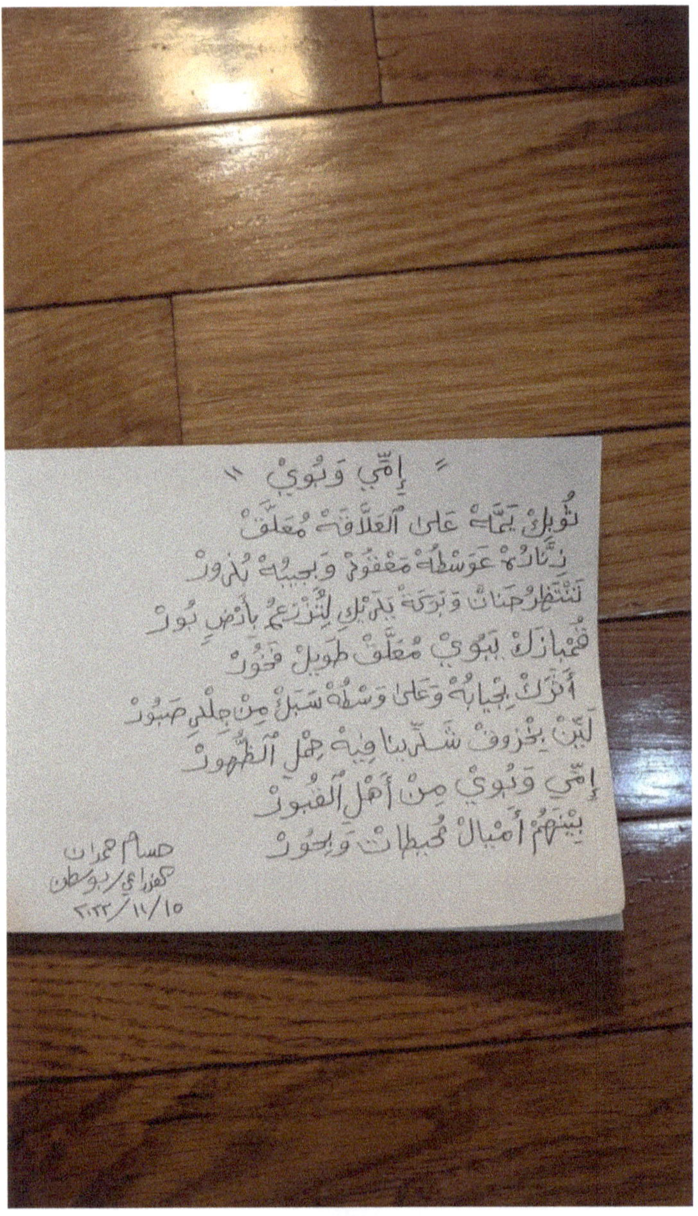
« إمّي وبويْ »
ثوبَك يمّه على العلّاقة معلّق
نثارُه عَوَسطُه مغفوفٌ وبجيبُه نُنُون
تنتظر حنان وبركة يدَيك لتُزرَع بأرض نُون
قمبازك يبويْ معلّق طويل فنون
أتركك بِجيابُه وعلى وَسطُه سبل من جلدي صيون
لكن بحروف شَتّ بيا فيه جهل الظهور
إمّي وبويْ من أهل القبون
بينهم أميال محيطان وبحور

حسام حمدان
كهربائي ربوطن
٢٠٢٣/١١/١٥

حَجْمٌ

يَضِيقُ ٱلْمَكَانَ بِنَفْسٍ لاَ تَعْرِفُ حَقَّها

يَتَّسِعُ ٱلْمَكَانَ بِنَفْسٍ عَرَفَتْ قَدَرَ وَزْنَها

وَزْنَهَا حَقَّها وَمِيزَانُ ٱلْعَدْلِ وَقَّعَ قَدَرَهَا

***

حسام حمدان
كفرراعي/بوسطن
٢٨/١٠/٢٠٢٢

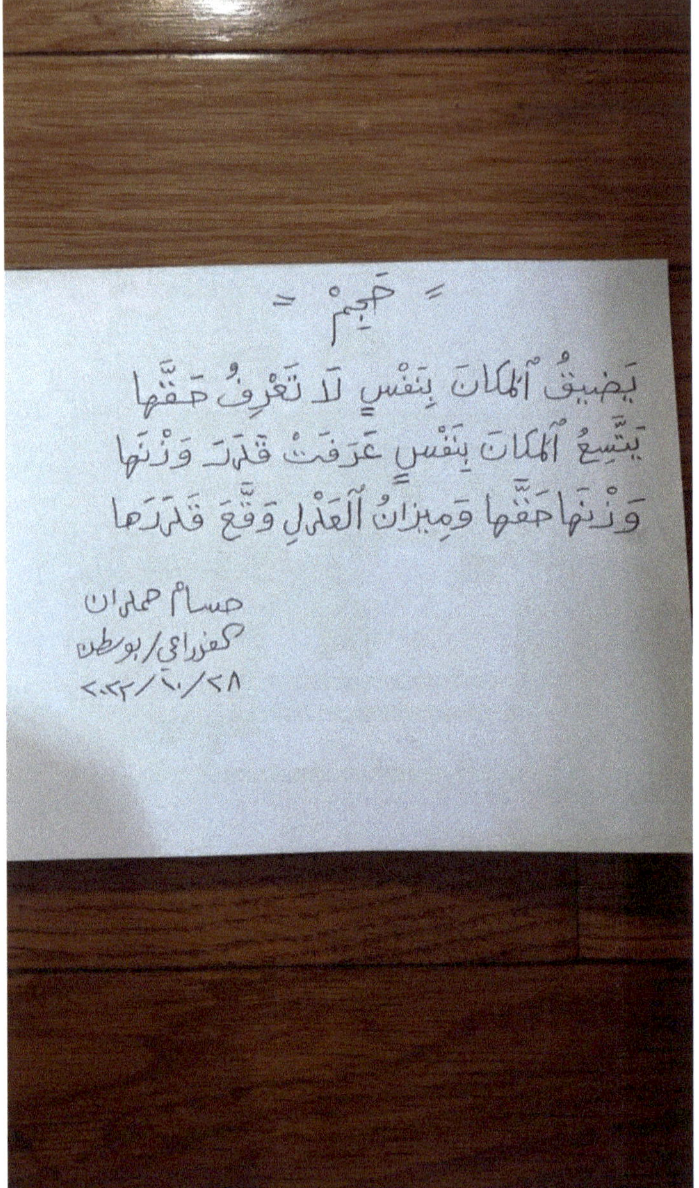

= حكيم =

يَضِيقُ الْمَكَانُ بِنَفْسٍ لَا تَعْرِفُ حَقَّها
يَتَّسِعُ الْمَكَانُ بِنَفْسٍ عَرَفَتْ قَدْرَ وَزْنِها
وَزْنُها حَقُّها وَمِيزَانُ الْعَدْلِ وَقَعَ قَدْرَها

حسام حمدان
كفرواي / بوطين
٢٠٢٣/٦/٢٨

قَطِرْ

جَارُورْ بِعِيدَانْ عُيونْها رُؤُوسْ حَمْرَةْ مَا اَتْشوفْ

اَحْتِتْ عُودْ تِوَلَّعْ عِيونْ وَرَأَسْ بَابُورْ ch

مَيّهْ وَسُكَّرْ بِطُنْجَرَةْ وَعَلىٰ اَلْمْوَلَّعْ يَتَحَرَّكْ شَغُوفْ

بِغْلىٰ اَلْوَلَعْ بِحَوّمْ نَحِل وَدَبُّورْ

قَطِرْ عَلُقْمِةْ اَلْقَاضِي اَلعَدِلْ تَحَلّىٰ بِفَمِ صَبُورٍ

عَطُوفْ

***

حسام حمدان
كفرراعي/بوسطن
١٢/١١/٢٠٢٢

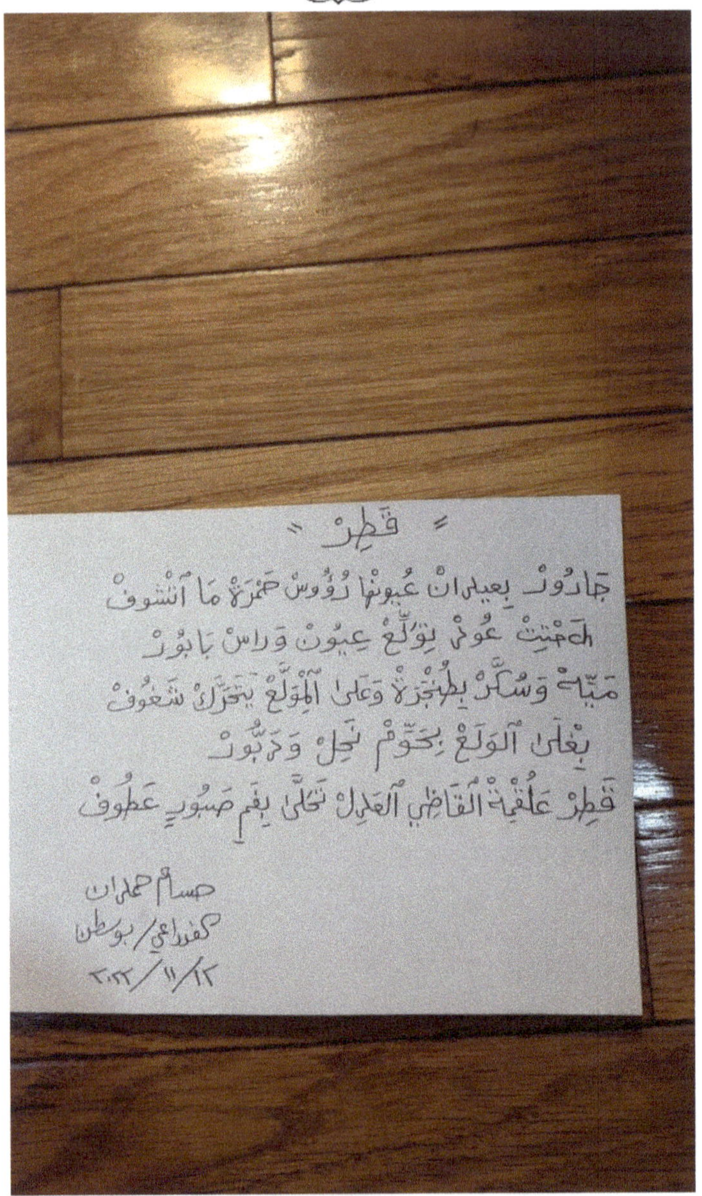
= قَطِر =

جادُوْنْ بعيناان عُيوْنْها رُؤوس حَمْرَه مَا انْشُوْف
كَحَمَّنْتْ عُوْنِي يِوَلِّعْ عِيُوْنْ وَراس بَابُوْنْ
مَيّاه وَسُكَّرْ بِطِنْجَرَه وَعلى المُوَلِّع يِتَحَرَّك شُعُوْف
بِغَلى الوَلَعْ بِكَوُّمْ نِحِل وَدِرِّبُوْنْ
قَطِر عَلْقِيْه القَاضِي العَدِل تَحَلّى بِفَم صَبُوْرِ عَطُوْف

حسام حمدان
كفرداعي / بوطن
٢٠٢٣ / ١١ / ١٢

بِالهوى

chَ مَّن ch حْتِتَ chبْريتِه بِدَّك

تch حَتْ تَتِوَلَّع نَارْ ٱلعَفْريتِه

خَلِّيك مَا تِيجي شَبَّتْ ٱلنَّارْ بِراسْ ٱلخَرُّوبِه

بِتْساقَطْ ثَمَرْها بِفَرْقِع حَطَبْها ذُقْتْها مَشَيتْ عَدْروبِه

أَشْعَارْ غَريبِةْ طَارتْ بالهَوىٰ هَريبِةْ

***

حسام حمدان
كفرراعي/بوسطن
١٢/١١/٢٠٢٢

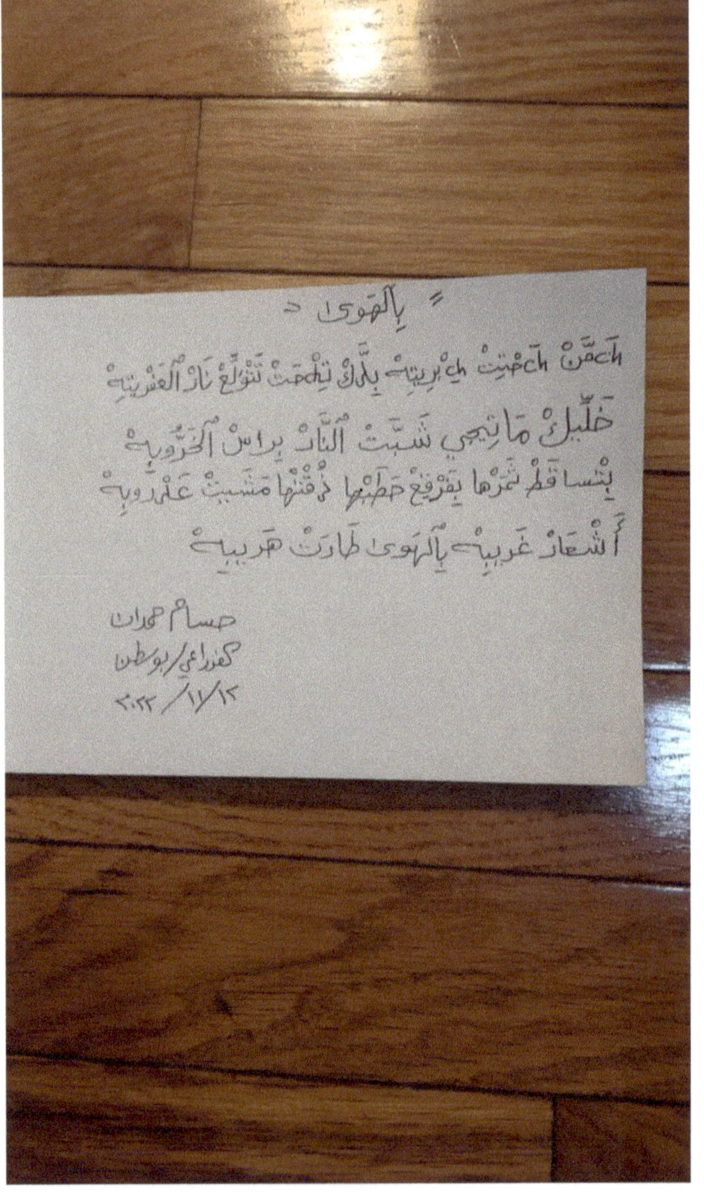

= بالهوى =
أتَعَنْ أتَخَفْتِ لكِ ورِيبَه بكِ نلَهمَتْ تَوَلَّعَ نارُ الغُربَه
خليلي مانيحي تَشَبَّتْ الباب براسِ الحَرُّوبَه
بتَساقَطُ ثِمَرُها بِفُروعِ حَطبِها في قِنِّها مَشيبَتْ عنْدوبَه
أشْعارُ غَريبَه بالهوى طارَتْ عَربيَّه

حسام مهوات
كفراعمي / بوطن
٢٠٢٣ / ١ / ١٢

سَبَب

قُلْتُ لِلْسَّبَب عَرِّفْني عَلى حَالَك

غَمَزْني بِعينُهْ دِيرْ بَالَك عَحَالَك

إِعْرِفْ حَالَك عِيشْ يُومَكْ ٱلسَّبَب سَبَباً عَبَالَك

❋ ❋ ❋

حسام حمدان
كفرراعي/بوسطن
١٠/١١/٢٠٢٢

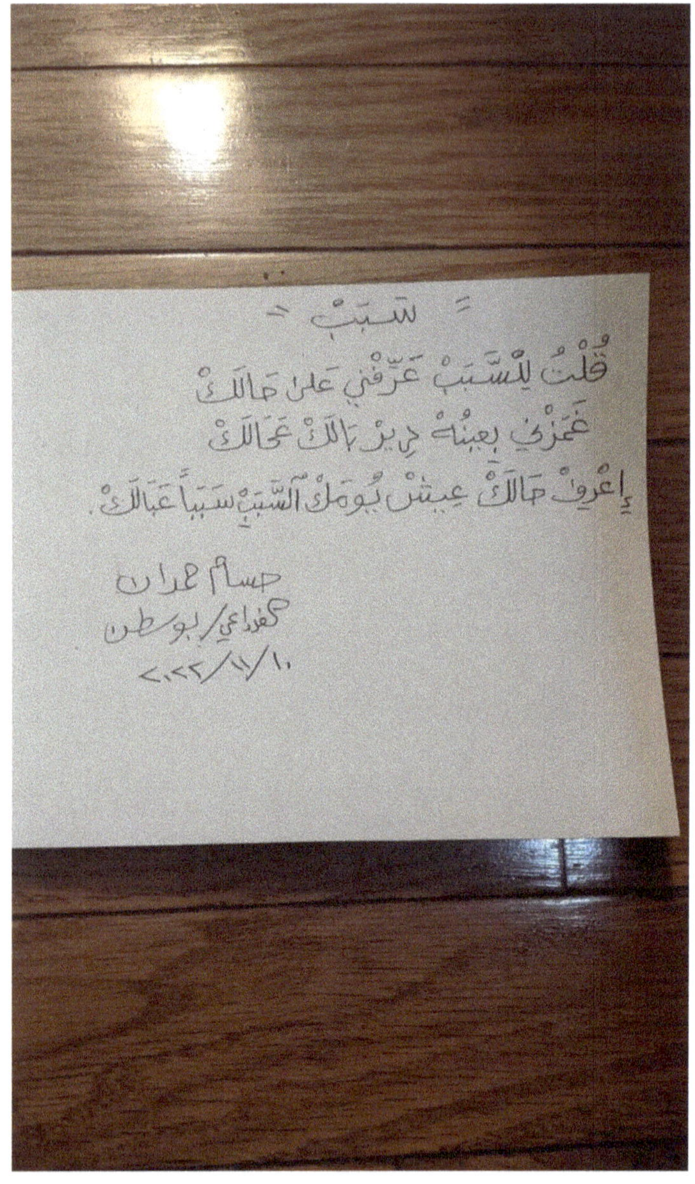
السَّبَبْ
قُلْتُ لِلسَّبَبْ عَرِّفْنِي عَلى حَالَكْ
غَمَزَنِي بِعَيْنُهْ حِيزْ حَالَكْ عَحَالَكْ
يَاعَرُوفْ حَالَكْ عِيشْ يُومَكْ السَّبَبْ سَبِّبْ عَحَالَكْ

حسام عمران
كفرامي / بوطن
٢٠٢٤/١١/١٠

بُوور بُور

بِفَضّلِ ٱلأَرْضْ تكونْ بُورْ

وَلاِ يِظَمّنْها لُمِعْتازٍ بُوورْ

فِلوسْ بِجَيْبِهِ وَدَيْنْ مَعَلَهوشْ

غَيرُهْ بِلَقْمِطْهِنْ وَبعذْهِنْ بالفِلْسِ مَدْوُوُشْ

عَينْ مَتَشوفِ مَحْروماً بِٱلْحِرْمانِ مَطْبوشْ مَعُوشْ

قَطَعَ ٱلشَّجرِ وَٱلْخَضارُ لِلْيباسِ مَرْشُوشُ

حِزماتْ حَطَبْ قَشْ وَقُوصْ مَا جَنىٰ بُوورٍ بُورْ

*** * ***

حسام حمدان
كفرراعي/بوسطن
٢/١٠/٢٠٢٢

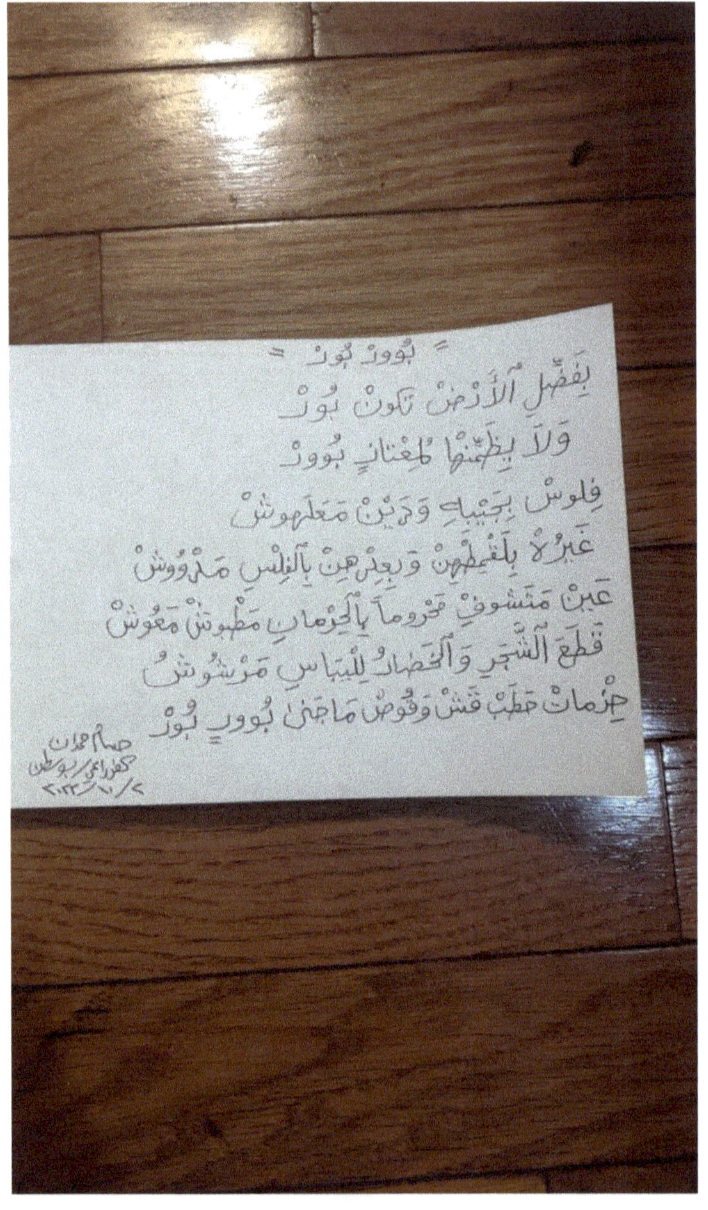

= بُوون بُون =
بِفَضل الأَرض تَكون بُون
وَلَا يَظُنها لُغتانِ بُوون
فلوس بِجَيبها وَدَين مَعلهوش
غَيرُه بِلَغِطهن وَبعضِهن بِالفِلس مَدّوُوش
عَين مَنشوفُ مَحروماً بِالحِرمان مَطبوش مَعوش
قَطع الشَجر وَالحَطّاب لِلبِياس مَرشوش
حُزمات حَطَب قَش وَقوش مَاجِن بُوور بُون
حسام حمدان
كفر احمي / بوطن
٢٠٢٣/١/٢

مِقْثَاه

دَكَنٌ عَدَحْموسٍ بَطِّيخْ

قُرَّةُ عَيْنٍ بِالْحُضنِ تَسْتَريحْ

فُرْفيريَّةٌ تُفَرْفِرُ بِوَرَقِها الرَّخيخْ

تَنِشُّ هَائِمٌ بُمنقَارٍ طريحْ

بُنَيَّ بِحُضْنِ بَيَّ عَصَخْرَةُ الأَرْضِ رَسيخْ

قِصَصٌ وَتاريخْ أَغْمَضَتْ عَيْناهُ فَصيحْ

سَكَنَ اللَّفيحْ وِالطَّيْرُ أَكَلَ مِنَ الْمِقْثَاةِ بطَيخْ

* * *

حسام حمدان
كفرراعي/بوسطن
٢٠٢٢/١٠/٣١

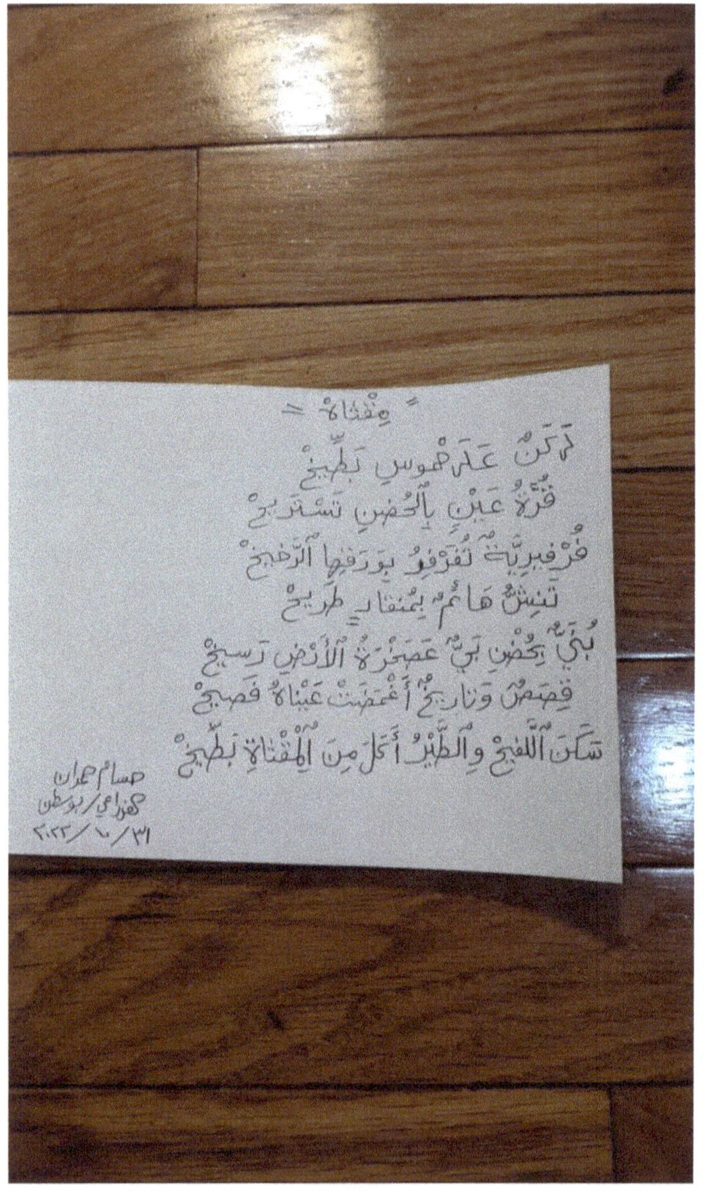

" ومُنْتَهاهُ =
تَمْكُنُ عَلَى خُوسٍ بَطِيحِ
قُرَّةُ عَيْنٍ بِالْحُضْنِ تَسْتَرِيحُ
فَرْفِيرِيَّةٌ تُفَرْفِرُ بِوَرَفِها الرَّخِيخُ
تَنِشُّ هَامَّهُ بِمِنْقابِ طَرِيحُ
بِيَّ يَخُضُنِ بِيَّ عَصَّرَةُ الأَرْضِ تَسِيحُ
قِصَصُنْ وَتارِيخٌ أَغْمَضَتْ عَيْناهُ فَصِيحُ
سَكَنَ اللَّفِيحُ وَالطَّيْرُ أَكَلَ مِنَ الْمَقْتالِ بَطِيحُ

حسام حمران
كهرباء / بوطن
٢٠٢٣ / ١٠ / ٣١

شَباب

إِسْتَعمارًا قُيودًا سِجْناً بِالْذَّلِ مُعَمِّرْ مِنْجَنْ

رِيعَانُ شَبَاباً إِخْتَارَ وَنَصَبَ لِلْحُرِّية عَرِينْ

كَرَماً لِشَعْباً عَرينُ الْشَّباب

تَحَدِّياً لُمِتَغَطْرِساً مِنْحَنْ

بُووتْ وَرُووتْ هِمْ أَوْتْ

شِعارُ الْشَّبابِ هَدفاً ثَمينْ

✼ ✼ ✼

حسام حمدان
كفرراعي/بوسطن
١٩/١٠/٢٠٢٢

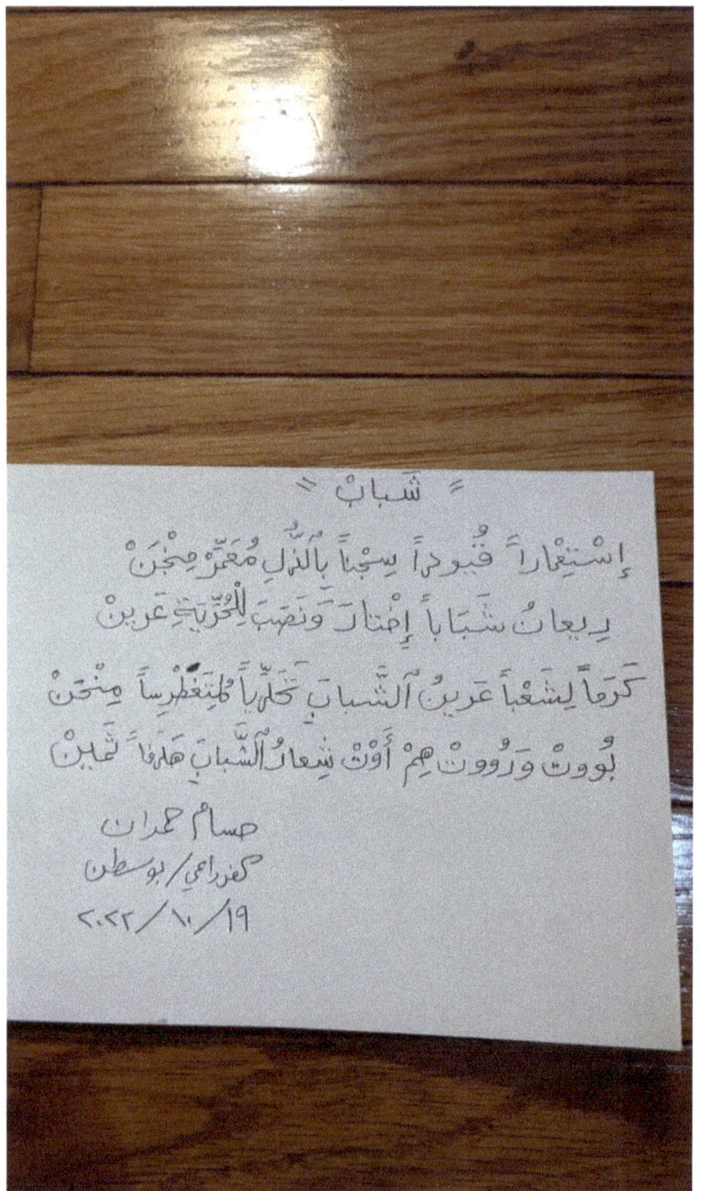

« شَبَابٌ »

اسْتِنْفَارًا قُيُودًا سِجْنًا بِالذُّلِ مَعَزٍّ مِحَنْ

يَرِيعَاتٌ شَبَابًا إِمْتَاتًا وَنَصَبٌ لِلْحُرِّيَةِ عَرِينْ

كَرْمًا لِشَعْبًا عَرِينُ الشَّبَابِ خُلِرًا كَلِمَتَغَطْرِسًا مِنْحَنْ

بُووتُ وَرُووتُهِمْ أُوْتُ شِعَانُ الشَّبَابِ هَدَفًا نَبِينْ

حسام حمدان
كفر رامي / بوسطن
٢٠٢٢ / ١٠ / ١٩

لِلْقَانُونْ

قَبِلْ مَا آتُسِنْ قَانون
إِعُرِفْ بَلَدَكْ وَأَبْناءْ شَعْبَكْ طُوف
زَقازِيقْ وَحاراتْ وشَوارِعْ وَأَسْواقْ يَتَفاعَلون
يَتَصافَحونَ بِالْدَّيْنِ تَحْتْ بَرْقٍ وَرُعودٍ شُوف
لَا نُريدُ سِجْناً لِلدَّائِنْ وَمَدْيون
أَكْرَمُ آلدَّيونِ دَيْنٌ بِكَسادٍ وَجِفوف

* * *

حسام حمدان
كفرراعي/بوسطن
٢٠٢٢/١١/١٩

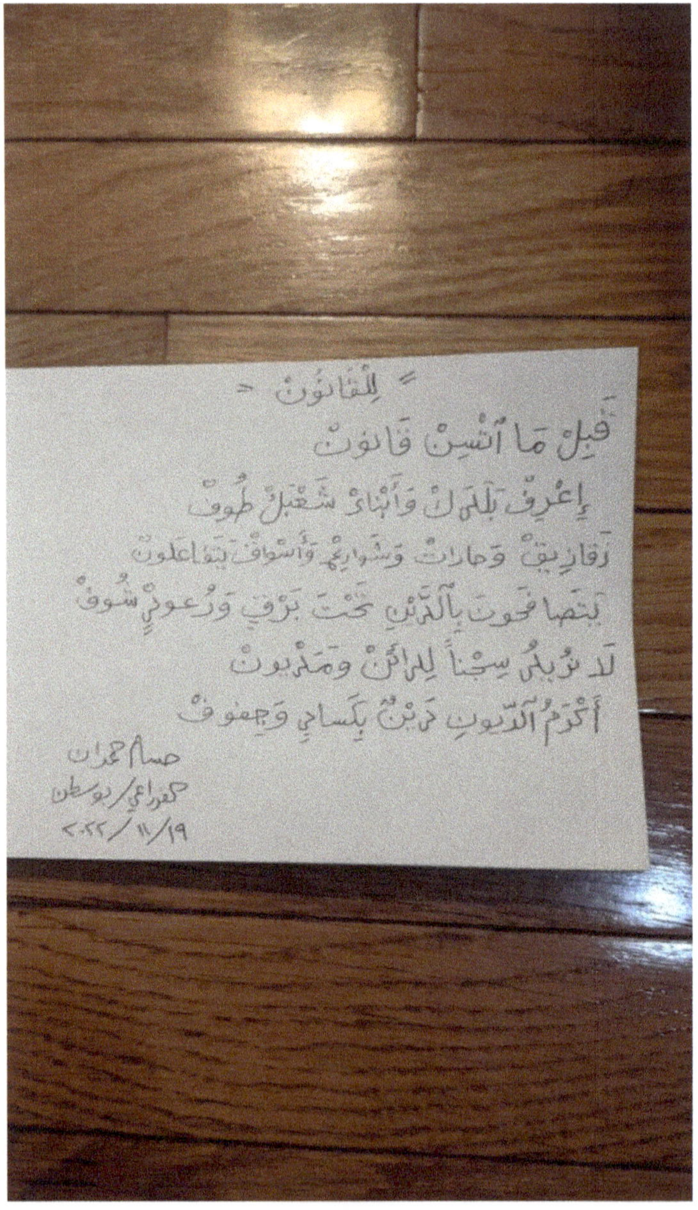
« القانون »
قبل ما أنسى قانون
إعرف بلدك وأبناء شعبك طوف
زقازيق وحارات وشواربهم وأسواق بتعلون
بتصاحبوت بالقرآن تحت برق ورعون شوف
لا تبقى سجناً للرائن ومدينون
أكرم الديون من بن بكساي وجعوف
حسام حمدان
كوراعي ديرسطن
٢٠٢٢/١١/١٩

بأَيّ

أَيَّ جِسْمٍ رَكَعَ وَسَجَدَ عَلَى ٱلْأَرْضِ مَصَلَّى

أَثَرَ ٱلْوَجَلِ وَٱلْخُشوعِ بِٱلْقَلْبِ مَحَلَّى

نَبضَاتٌ تَخْبِكُ مِنَ أَنْسِجَةِ ٱلْمُصَلَّى سَكينةٌ قَربى

فَبِأَيّ صَوْتاً تُنادي أُذُناً تَصُدُّ ٱلظُّلْمَ تَصْغى

* * *

حسام حمدان
كفرراعي/بوسطن
٢٠٢٢/١١/٣

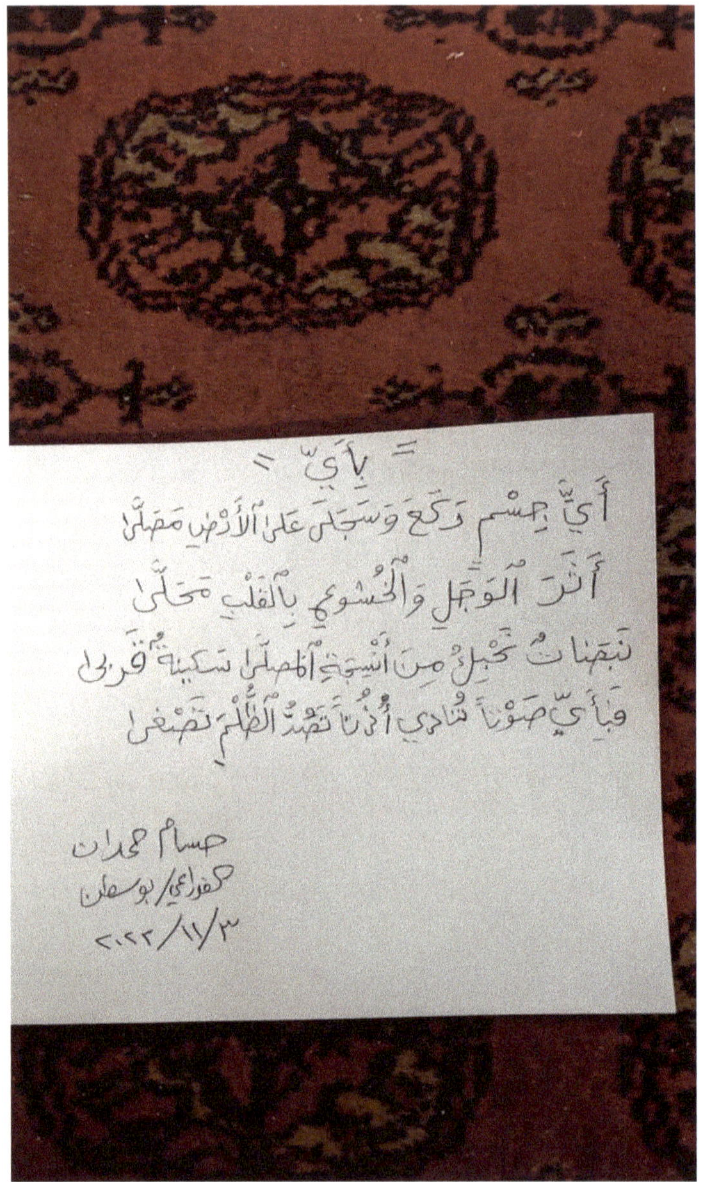
= يَا أَيّ =
أَيُّ جِسْمٍ رَكَعَ وَسَجَدَ عَلَى الأَرْضِ مُصَلَّى
أَثَرَ الوَجَلِ وَالخُشُوعِ بِالقَلْبِ تَجَلَّى
نَبَضَاتٌ تَخْرُجُ مِنْ أَنْسِجَةِ المُصَلَّى سَكِينَةٌ قُرْبَى
فَبِأَيِّ صَوْتٍ نُنَادِي أَنْ نَفْقِدَ الظُّلْمَ نَصْغَى

حسام حمدان
كفرامي/ بوصفان
٢٠٢٢/١/٣

للأسف خرجه

يقرأ ٱلرسالة بدفئ وعلى مهل

يتوحوح ٱلإعتذار مكلفشا ملجما ومجرورا بين
زراديب ٱلأحرف وٱلكلمات

غفى وٱلنظاره على صدره وٱلرسالة أخذت من
طيات ٱلشرشف كفن.

للأسف خرجه، ما إستجرى ينطق آسف وما
أعجبه إلا يتفلسف بإنتقاء كلماته في رسالته. طاف
ودار يطوف بخجله مع قارئ نرجسي.

***

حسام حمدان
كفرراعي/بوسطن
٢٠٢٣/١١/٢٠

إِفْتَخْ إِفْتَخْ

بِلَيْلَةْ شِتَاءْ دَارَتْ وَطَافَتْ جنودْ ضَايِعَهْ

دَقَّتْ شَبَابِيكْ وَخَابَطَتْ أَبْوابْ بِأَيْديها خَارْطَهْ

وَينْ وَينْ ظَهْرةْ رِضا بِلَهْجهْ عَربِيَهْ قَارْطَهْ

إِفْتَخْ إِفْتَخْ وَلاَ نِخْلَعْ آلْبابْ نَقْتُلْكُمْ وَمَا في عَارْضَهْ

آلأُمْ وَآلأَوْلادْ بِعَتْمةْ آللَّحْفَةِ كَتْلةً وِبِالْخَوْفِ وَآلرُّعْبِ

رَاجِفَهْ

أَذانُ آلْفَجْرِ إِخْتَرَقَ آلصَّمْتِ وَلَّتْ خَرائطْ مَبْلولِهْ

قَامِطَهْ

ظَهْرةْ رِضَا فيها مَغَارَةْ وِبِزَعْمِهِمْ عِظامُ أَجْدادِهِمْ

فيها رَاقِدَهْ

* * *

حسام حمدان

كفرراعي / بوسطن

٢٠٢٣/١١/٢٠

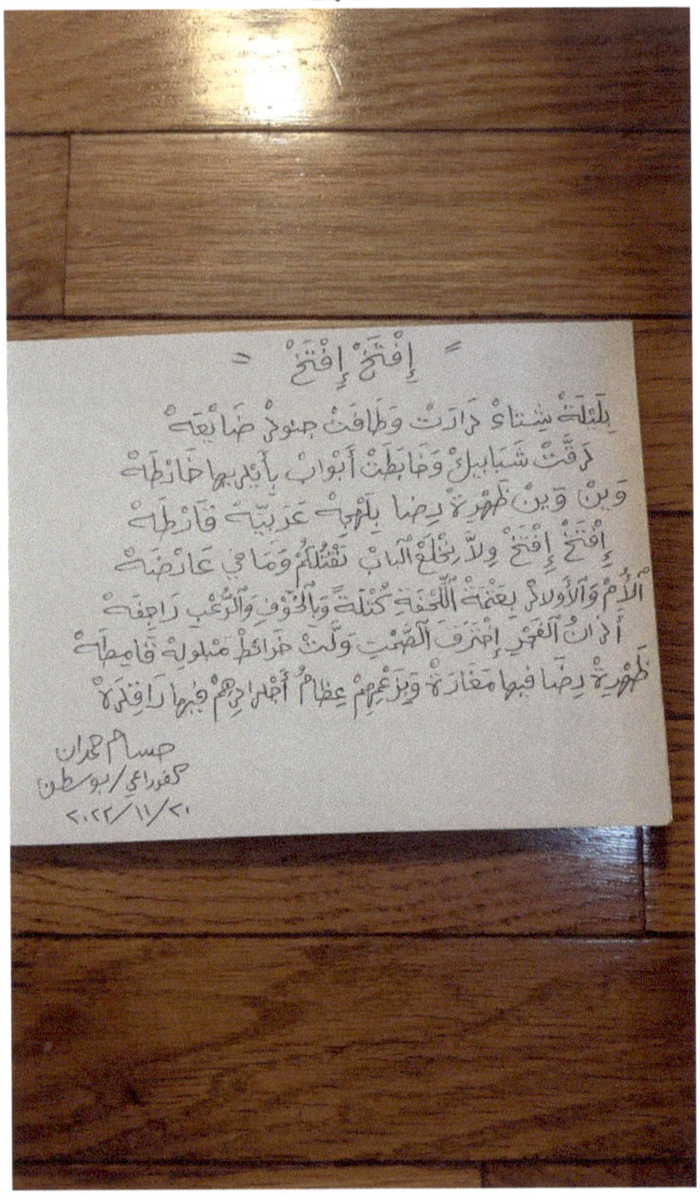

= إفْتَحْ إفْتَحْ =

بليلةِ شتاءٍ دارَتْ وطافَتْ جنودي ضارِعَة
دَقَّتْ شبابيك وخابَطَتْ أبوابَ بأيدٍ بها خائِطَة
وبين وبين لظهورِه بضما بلهجةٍ عربيةٍ فانِطَة
إفتَحْ إفتَحْ ولا تخلَعُ البابَ نقتُلكم وما في عائِضة
الأمُّ والأولادُ بعنفٍ اللهفةِ كنتُ وبالخوفِ والرعبِ راجِفة
أنَّ أن الفجرَ اخترفَ الصمتَ ولَّت خرائطُ منلولةٌ قامِطة
لظهورِه بضما فيها مغارةٌ ويزعمهم عظامُ أجدادِهم فيها رافِظة

حسام حجران
كفرداعي / بوسطن
٢٠٢٢/١١/٢١

لِقْيَة

دَائِرْ بِٱلْوَرْدِ زَاهِرْ

عَبيقُهُ بِٱلْحَارَهْ شَاهِرْ

يَدورُ لِسَانْ وَتَطُوفُ عَيْنَ حَائِرْ

ٱلمِسْكُ عَجِلْدِ غَزَالَةْ وَعلىٰ ٱلأرْضِ سَقَطَ نَادِرْ

يُلْقَاهُ وَيَتَطَيَّبُ بِهِ حُرُّ بَرَارِي وَلِلْوَطَنِ ثَائِرْ

***

حسام حمدان
كفرراعي/بوسطن
٢٠٢٢/١١/٢٠

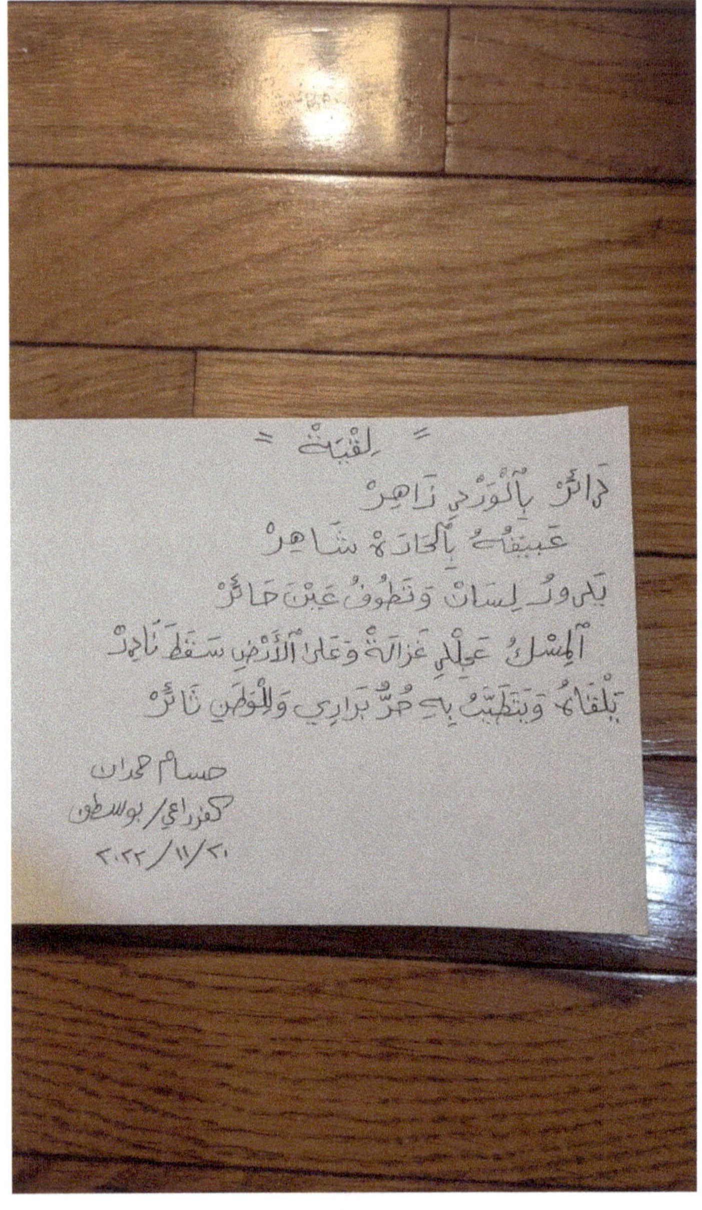

= لقيت =
دائرٌ بالوردِ زاهرْ
عبقُه بالجادةِ شاهرْ
بكى وُ لسان وتطوفُ عينٌ حائرْ
المسكُ على غزالةٍ وعلى الأرضِ سقط زادِرْ
يلقفاهُ ويتطيبُ بِحرّ براري وللوطنِ زائرْ

حسام حمدان
كفرزراعي / بوسطن
٢٠٢٣ / ١١ / ٣٠

أَوْلى

إِشْتَرِيتْ عَبُورْ رَبِّيتُهْ أَصْبَحْ خَرُوفْ

يَا تُرىٰ أَتَصدَّقَهُ أَمْ أَعْطِيهِ مَعْرُوفْ

بَينْ ٱلصَّدَقَهْ وِٱلمَعرُوفْ إِخْتِيَارِي مَلْفُوفْ

أَعْرِفُكَ وَتَعْرِفُني ٱلأَقْربونَ أَوْلىٰ بِٱلمَعْروفْ

ٱلتَّصَدُّقْ عَلىٰ ٱلجَاعِذْ وَبِجَيْبْ ٱلعِين مَطْروقْ

***

حسام حمدان
كفرراعي/بوسطن
٢٠٢٢/١١/٢٤

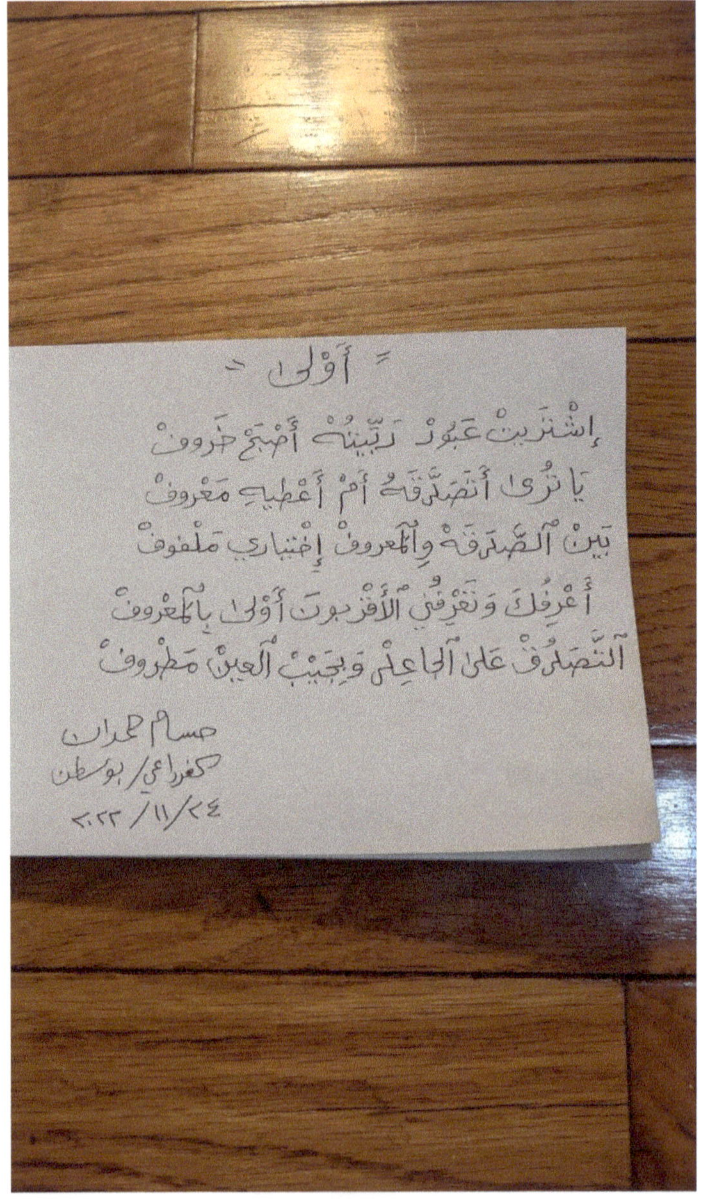

ـ أَوْلَى ـ

إِشْتَرَيْتْ عَبُّورْ تَبَيَّنْ أَصْبَحْ حُرُوف
يَا تُرَى أَتَصَدَّقَهْ أَمْ أَعْطِيهِ مَعْرُوف
بَيْنْ الصَّدَقَهْ وِالْمَعْرُوفْ إِخْتِيَارِي مَلْفُوف
أَعْرِفُكْ وَتَعْرِفْنِي الْأَفْرِ بُوتْ أَوْلَى بِالْمَعْرُوف
التَّصَدُّقْ عَلَى الْجَاعِنْ وِبِجِيبْ الْعِينْ مَطْرُوف

حسام حمدان
كفرداعي / بوسطن
٢٠٢٣ / ١١ / ٢٤

عَالتِّبِنْ

بَذْرِ ٱلدَّجَىٰ دِيكْ كَاكَىٰ بِٱلْخَلَىٰ

دَخَلْ خُشِّةْ صَاحْ بِٱلْعَلَىٰ

بِٱلظَّهِيرَةْ عَالتِّبِنْ تَدَحْرَج بَيضْ وِاخْتَفَىٰ

✳ ✳ ✳

حسام حمدان
كفرراعي/بوسطن
٢٠٢٢/١١/٢٦

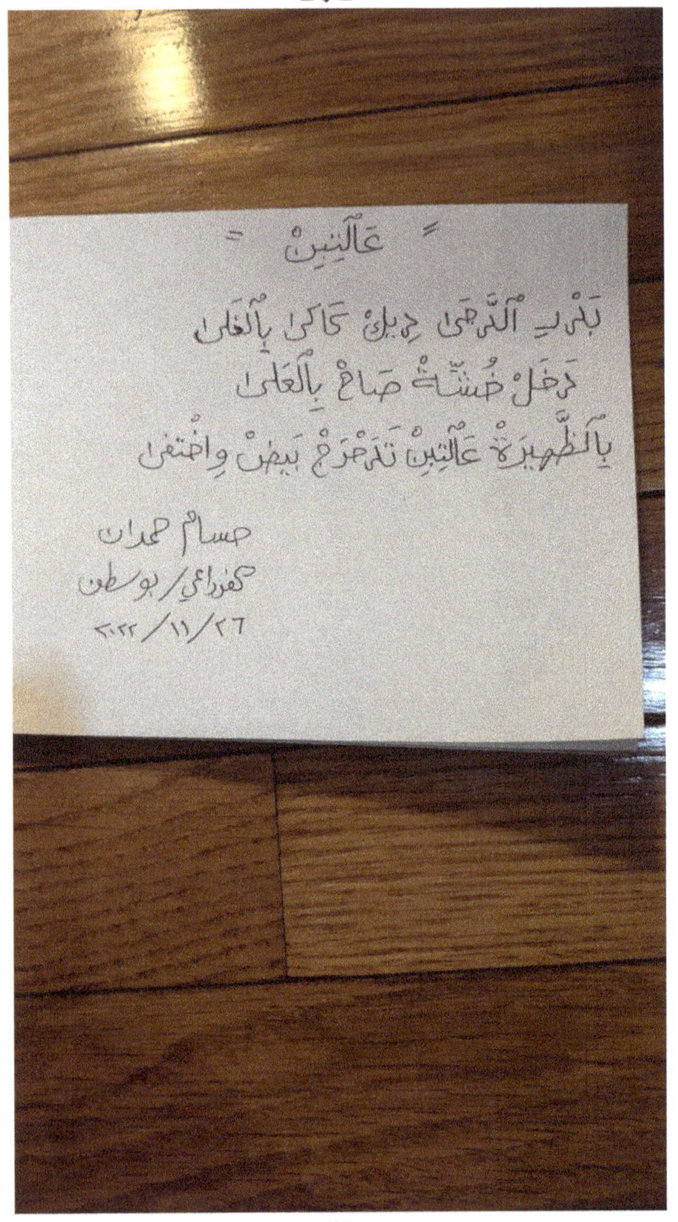
عَالِّنِين

تْنْدِ التَّرْهَى حَبِيلُ كَاكِ بِالْغَلَى
دْخَلْ خُشَّةْ صَاعْ بِالْغَلَى
بِالظَّهِيرَةْ عَالِّنِين تِدْمُرُحْ بَيْضُ وِاخْتَفَى

حسام حمدان
كفرداعى / بوسطن
٢٠٢٢ / ١١ / ٢٦

العطاء من ما تحب ٱلبر ينال

لا تستغرب أن ترى فجأة فقيرا أو محتاجا أو مسكينا أو أسبرا بثيابا جديدة وغالية وعلى ٱلطرز ٱلحديث، فقد يكون ذلك من عطاء مقتدرا يبغي ٱلبر بتطبيق قوله تعالى "لن تنالوا ٱلبر حتى تنفقوا مما تحبون".

ٱلبار يتحسس بعطف وحنان وإحسان ويلبى ٱلحاجه بدهشة حب من ما يحب بدون مقابل بل إبتغاءا لوجه ٱلله تعالى فقط.

ٱلله ربط ٱلبر بٱلعطاء وٱلإنفاق من ما نحب وسيلة لتهذيب ٱلنفوس من ٱلوقوع بٱلكبرياء. وأيضا من ذلك نستنتج أن ٱلله يحثنا على ٱلسعي لمعرفة وملكية وٱلعطاء وٱلأنفاق من ما نحب لننال ٱلبر.

لذلك تقول، أعظم درجات ٱلعطاء وٱلإنفاق هو ٱلبر. بما أنه يصدر من حب، فهو لمن يتلقاه شراب سهل لذيذ سلسبيل لبى ٱلحاجه وفاق ٱلمستحيل.

ٱللهم إجعلها جمعه طيبه ومباركة تجمعنا وتحيطنا بٱلأبرار دوما.

***

حسام حمدان
كفرراعي/بوسطن
٢٠٢٢/١٠/٢١

ٱلحكمه من ٱلله :

أيـة ٱلله فـي ٱلقرآن تقـول "ٱلله يؤتي ٱلحكمـة مـن يشـاء ومـن يوت ٱلحكمـة فقد أوتي خيـرا كثيـرا ومـا يـذكر إلا أولـو ٱلألبـاب". مـن تلك ٱلكلمـات نستنتج أن ٱلحكمـة نعمـة مـن ٱلله علـى مـن يشـاء ويختـار مـن ٱلبشـر، إنهـا نعمـة لعقلـه ليكـون مصـدرا للتعقـل وٱلتفعيـل لخيـرا كثيـرا يتـرجم بفوائـد تخـدم ٱلمصالح ٱلعامـه، حريـه وإستقلال وسـلام وكرامـه للإنسـان للإبتكـار وٱلإختـراع وٱلإزدهـار لإسـتمرارية ٱلحيـاة وعمـران ٱلأرض كما أراد ويريد ٱلله.

عنـدما يختـار ٱلشـخص للحكمـه، يهديـه ٱلله للعلم ٱلسليم ٱلمناسب لقدراته لكسب ٱلمعرفه من خلال

ٱلقـول وٱلفعـل وٱلتطبيـق والممارسـه وٱلمقارنـه وٱلموازنه وٱلدقه.

ٱلإنسـان ٱلحكيم يعرف وصادق مـع نفسـه ويعبر عن إرادتـه ٱلتـي منحها ٱلله لـه بحريـه وثقـه. إنه سـريع ٱلبديـه وبهاجس صـائب. إنـه يتأنى وكـأن ٱلحكمـة بـه رد فعـل علـى فطرتـه "خلق ٱلإنسان عجولا".

ٱلحكمـة مـن ٱلعقـل وهـي عـزة ٱلإنسـان وتعمل معجزات علـى ٱلأرض. ٱلله إعتـز بعقـل ٱلإنسان وأول مـا قالـه عنـدما خلقـه حسـب قـول ٱلنبـي والرسول محمد"أقبل فأقبل ثم قال له أدبر فأدبر فقال وعزتي ما خلقت خلقا أكرم علي منك فبك آخذ وبك أعطي وبك ٱلثواب وبك ٱلعقاب".

ٱلحكمة تأتي من عضو عزيز على ٱلله وهو ٱلعقل بحرية وإرادة تفكيره وتفعيله. قد نقول أن ٱلإنسان ٱلحكيم بإرادة تفكير وتفعيل عقله بوقتا ما رجلا راد وراد ٱلله وغير ٱلقدر بنعمه على ٱلأرض وٱلبشر.

أدعوا ٱلله لي ولكم أن يكرمنا ويأتينا ٱلحكمة للصلاح وٱلفلاح بحريه وإستقلال وسلام وكرامه.

***

حسام حمدان
كفرراعي/بوسطن
٢٧/١٠/٢٠٢٢

CAUTION! HOT SURFACE DO NOT COVER!/¡PRECAUCIÓN! SUPERFICIE CALIENTE NO CUBRA!

ٱلسخريه :

يقـول ٱلله تعـالى "يـا أيهـا ٱلـذين آمنـوا لا يسـخر قـوم مـن قـوم عسـى أن يكونـوا خيـرا منهم". ٱلله يخاطـب ٱلمؤمنـون لأنهـم أقـرب إلـى ٱلله طاعـة وعلمـا بتعاليمـه ليطبقـوا أمـره ويرشدوا ٱلنـاس. وقـول ٱلله بٱلآيـه يحـذر ويمنـع قطعيـا مـن أيـة قوم أن يسخر من أية قوم بغض ٱلنظر من هم وأينمـا كـانوا. منـع ٱلسـخريه ليـس فقـط مـن قـوم لقـوم، بـل مـن فـرد لفـرد، حـزب لحـزب ودولـه لدولـه. ٱلله منـع ٱلسـخريه لأن لهـا أسـباب سـلبيه عديـده تـؤثر علـى مجـرى ٱلحيـاة علـى ٱلارض بطـرق مباشـره وغيرهـا. فمـاذا نقـول ويحـدث عندما نسخر؟

نقول للمسخور منه أنه ناقص في منظره، تفكيره، دينـه أخلاقـه، تصرفاته،سلـوكه ومبادئه. نهـاجم كيانـه ونستصغـره ليؤدي بـه إلى ٱلشك بنفسـه، ٱلانعزال، إلضياع، ٱلصـراع، ٱلتمييز، ٱلإحتقار، ٱلإضـطهاد، ٱلإنتحـار. ٱلسـاخر يقلل مـن قيمـة ٱلمسخور منه ويشعره بٱلعجز عن إستعمال إرادته ٱلحره ٱلتي منحها الله لـه مجانـا. يـأس وقنـوط يحيف بٱلمسخور منه ويصبح عاجزا عن تغيير واقعه على أرضه.

وٱلأقوام وٱلدول إن سخرت من الاخرين تقاطعهم، تحـاربهم، تهجـرهم، تحـتلهم، تسـجنهم وتستـولي علـى ممتلكـاتهم. والتـاريخ يؤكـد لنـا أن أقوامـا بٱلسـخريه كذبت وكونـت دول على حسـاب قتل وتهجير وإحتلال أقوام غيرهم.

لا تسخر من أحد، فلا تدري ٱلذي تسخر منه قد يكون بنظر ٱلله خيرا منك. قد نقول ٱلله منع ٱلسخريه لتدعم قوله "لكم دينكم ولي دين"-حرية ٱلديانه وتجنب سخريتها. ٱلله وعد من سخر به يسخر منه.

فعلا ٱلسخريه عراقيل وتدخل بما أراده ويريده ٱلله لكل إنسان أن يسعى ويعمل ويبني ويعيش على ٱلأرض بحرية وإستقلال وكرامة إرادته.

✳ ✳ ✳

حسام حمدان
كفرراعي/بوسطن
٣٠/١٠/٢٠٢٢

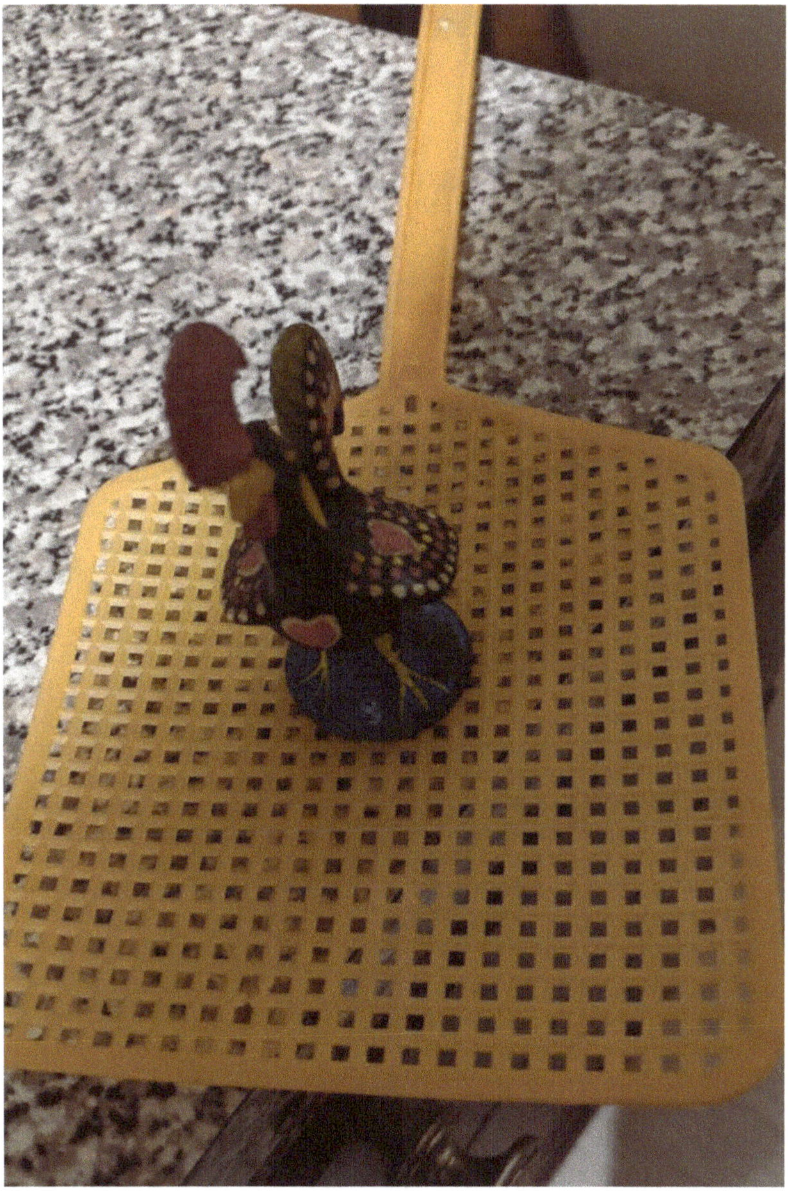

قاعدة ٱلحياة:

بقوله تعالى "تواصلوا بٱلحق وتواصوا بٱلصبر" ٱلله وضع قاعدة ٱلحياة وٱستمراريتها على ٱلأرض لزمنا ولهدفا ما ولا يعلمهم ٱلا ٱلله. قول ٱلله موجها للإنسان ولكل مخلوقا على ٱلأرض مهما كان وبأي علاقة مباشره وغيرها مع مخلوقات ٱلأرض.

من تلك ٱلقاعده ظهرت وتشعبت أسس وقوانين ومفاهيم ومبادئ وأخلاق وأنظمه للحياة عبر ٱلزمان وعن طريق رسل وأنبياء وسيرتهم، وكتب ٱلله وأعمال ٱلمخلوقات وخبرتهم، وتفاعل ٱلأرض وطبيعتها وأجواء ٱلسماوات.

ألله خلق ألإنسان وجعله وليا على ألأرض للعيش عليها وعمرانها وسخر مخلوقات ألأرض له لتساعده على ذلك ألتعين حق ومعه صبر لتحقيق ما أراده ويريده ألله أن يكون.

من ذلك ألمفهوم وألمنطلق قد نقول أن ألصبر يعني كل مخلوقات ألأرض لها حق إما ظاهرا أو باطنا، وأعظم ألحق أن يعيش ألمخلوق بحريه وإستقلال وكرامه وسلامه وألصبر له عونا.

✳ ✳ ✳

حسام حمدان
كفرراعي/بوسطن
٢٣/١٠/٢٠٢٢

LIFEBOAT LANTERN
MASTHEAD
NO. 10508
GREAT BRITAIN
1851

فلسطيني في عمره

ها هي خارطة ٱلصبر تتجسد على وبوجه ٱلرجل ٱلفلسطين....كبر ٱلصوره فقد ترى ما توحي إليه ٱلخطوط وٱلتجاعيد وما تحتوي بثناياها ومسارها عبر ٱلسنين.

طوف بوجه وبنهاية ٱلمطاف رسم ٱلصبر بركة صمود بوقار على وجه.

إنه وجه مميز لوجه مزارع فلسطيني في طريقه لتأدية ٱلعمره لوجه ٱلله وٱبتغاء مرضاته. ربنا سهل ويسر أمره.

***

حسام حمدان
كفرراعي/بوسطن
١٧/١١/٢٠٢٢

بالحب أحسن تقويم:

أللهم صل على محمد " ربنا لا تخذل حبيب بحبه، واجعل بعد ألمسافات شوقا وحنينا نبضـات قلبـه، أنه إنسـان لـه كيـان بين طيـات ألزمـان. إحميـه من نفـاثين ألتاريخ بعقـد ومـن ألغاسـقين بوقـد ومـن ألحاسدين برغد. ربنـا طبـق وعدك بـالحب يكـون بأحسن تقويم يدوم وعدك".

طابت جمعه مباركه علينا وعليكم بقلوب الشوق والحنين فيها حبا بشغف.

حسام حمدان
كفرراعي/بوسطن
٢٠٢٢/١١/٢٥

حسنه /سيئه :

يقول ٱلله تعالى"من جاء بٱلحسنة فله عشر أمثالها، ومن جاء بٱلسيئة فلا يجزى إلا مثلها وهم لا يظلمون". هنا ندرك أن ٱلله بٱلحسنة كريم وبٱلسيئة عادل وند بند. فقد نقول جزاء ٱلله يكون بٱلمضمون وٱلقيمة ولا ظلم بذلك لأنه قال وهم لا يظلمون.

طرق جيبان ٱلإنسان بٱلحسنات وٱلسيئات لا تعد ولا تحصى، ومنها ٱلسهل ومنها ٱلصعب، ومنها ٱلثمين ومنها ٱلرخيص، لهذا ٱلسبب ٱلبشر أولياء ٱلله على ٱلارض يجلبون ٱلحسنات وٱلسيئات وبجزاء ٱلله هم طبقات عنده في ٱلدنيا وٱلأخره.

عــز نفســك وارفــع مقامــك إجلــب ٱلحســنه مهمــا كانــت صغيــره وخليهــا دومــا علــى بالك.

***

حسام حمدان
كفرراعي/بوسطن
٢٠٢٢/١١/٢٢

هرطة بطيخه

طبطبت وظربت ٱلبطيخه كمن كف، ما لها صدى صوت، صلبه وقشرته قويه إشتريتها، بزرف بلاستيك مفتوح خليتها وحطيطهم على ٱلكرسي حوالينا ٱلطاوله.

بعد ثلاثة أيام فطنت، إطلعت وحطيت إيدي بالزرف، جفلت نص ٱلزرف ميه وقشرة ٱلبطيخه ذاييه. بصراحه أول مره بحياتي صارت معي. فعلا، للصبر حدود، وٱللي على حق إن صبره نفذ بفقع وبسيل دموع.

❊ ❊ ❊

حسام حمدان

كفرراعي/بوسطن

٢٠٢٢/١٠/٢٢

اَلنطق حق :

بناءا على قوله تعالى" فورب ٱلسماء وٱلأرض إنه لحق مثل ما أنكم تنطقون" ندرك أن ٱلنطق حق لكل إنسان مهما كان ومحفوظ ومضمون في ٱلسماء عند ٱلله. فلا يحق لأحد أن يقص أو يقطع لسان إنسان أو يسجنه أو يقتله أو يهدد قدرته أو يمنعه من ٱلنطق.

فكل إنسان له ٱلحق أن ينطق ولكن يجب أن يفهم ويدرك ٱلناطق أن ما ينطقه وكيف ومتى ولماذا وأين ينطقه مسؤوليته ويتحمل عواقبها ونتائجها. ٱلنطق مصدر لأفعال وأعمال الإنسان وينتج عنه حسناتها وسيئاته. فٱلنطق عالم واسع كبير وبدونه لا معنى للحياة وليوم ٱلحساب.

كلمـات ألله نزلـت علـى وإلـى للإنسـان لتعليمـه وهدايتـه وإرشـاده وتهذيبـه وتربيتـه وتحـذيره وتبشيره كيف وما وأين ومتى ولماذا ينطق ليخلق جوا للتعامل وألعمران واستمرارية ألحياة على ألأرض.

بما أن ألنطق حق، ألله يطلب منا أن نتواصى بـه ليبقى حقا حرا موجودا دائما.

حق كل منا أن ينطق، لعل ألنطق ينطق بكلمات تغني ألحرية وألإستقلال وألسلام وألعمران لكل إنسـان.

‫❋ ❋ ❋‬

حسام حمدان
كفرراعي/بوسطن
٢٠٢٢/١١/١٣

فرح:

تـرانـا وتسـمعها منـا "دامـت ٱلأفـراح فـي ديـاركم ٱلعامره"، نرددهـا شـوقا وحنينـا فرحـا وأملا لبنينـا وعمرانا جديدا.بيوتا تعم بٱلحياة ما نبغي إليه مهما كان ٱلإنطباع عنا وٱلوضع صعبا.

فدائما وأبدا قولوا معانا دامت ٱلأفراح وٱلليالي ٱلملاح.

تدوم بزفه وزغاريت ترقص نجوم وقمر سواح.

***

حسام حمدان
كفرراعي/بوسطن
٢٠٢٢/١١/٦

عرفان

عرفة ٱلحياء يبقى أصلا وفصلا، بأيقونة ربا له شرقا وغربا. بٱلجمعة نتجه إليه حياءا لوجهه ٱلأعظم، بأنه لنا حقا، يثبتنا عليه بلا خجلا. بٱلحياء بيان لخلق إنسان.

طابت جمعه مباركه باليمن والبركات وصالح الاعمال.

حسام حمدان
كفرراعي/بوسطن
٢٠٢٢/١١/١١

شباب فلسطين

دعونا نتمعن بوجوه ٱلشباب الفلسطينيه؟ لا نرى فيها ذرة عنف بل سماحه لأنهم لا يبغون إلا حياة حريـه وإستقلال وسلام وكرامـه وإعتـزاز لهم ولأهاليهم علـى أرض وطنهم. لماذا خلقتم واقع مرير لهم؟إختاروا ٱلشهادة ليحمـوا أهاليهم وما تبقى من أرضهم لعلكم تخجلون وتستيقذون من غطرستكم وعدوانكم المستمر. حرام عليكم شباب زي ٱلـورد تقتلـونهم بـدون رحمـه وإعتبار لهم ولأهاليهم. الله يرحمهم ويصبر أمهاتهم وأهاليهم وأبناء شعبهم على فقدانهم. أتقوا ٱلله.

***

حسام حمدان
كفرراعي/بوسطن
٢٠٢٢/١٠/٢٥

فلسطين

سبب:

كـل شـيء يحـدث لسـبب. فقـد نتسـائل مـا ومـن ولمـاذا وكيـف هـو آلسـبب. قـد نعـرف أو لا نعـرف أجوبـة آلسـؤال عـن آلسـبب. إجمـالا إنشـاء عرفنـا آلسـبب قـد نـدرك ونعتـرف ونعلـل ونلـوم ونعتـب ونسـب ونشـتم ونلعـن ونقبـل آلسبب للعيـش لأسباب مقبولـة آلسبب.

قيمة آلشيء وآلحدث يقرران حدة آلإنتباه وآلسعي لمعرفة مضمون وتشعبات آلسبب.

إن كـان آلحـدث إيجـابي للشـيء، فآلسـبب ومضـمونه نتيجـة حب أو شـوق أو حنـين أو ود للعـيش بحريـه وسـلام وإسـتقلال وكرامـه وعمران.

إن كان ٱلحدث سلبي للشيئ، فٱلسبب ومضمونه نتيجة كره عداوة وعنصريه ورخص وإستهتار لعرقلة وتأخير ٱلحياة لتعيش بعذاب ٱلحرمان وٱلإضطهاد وٱلمعاناة وٱلحرب.

تكرار ٱلسبب وما فيه قد يدل على ولاء أو إستهتار حسب نتيجة ٱلحدث على ٱلشيئ من ذلك ٱلسبب.

كيف نتعامل مع ٱلسبب ومضمونه وأسئلته وأجوبته يعرف ويحدد مسار ٱلحياة على ٱلارض. ٱلتعامل مع ٱلسبب قد يكون على مستوى فردي أو جماعي أو دولي أو عالمي.

معرفة ٱلسبب قد تؤدي إلى تسامح وغفران وحياة جديده طالما ٱلحق لم يضيع وينسى. ٱلسبب قد يكون ناتج عن فعل/عمل، شعور، عواطف، فكر،

هاجس، نيه أو مجرد كلمه إسمها "كذبه" لتتطور مع ٱلزمن وتصبح سببا يقلب مصير وحق شعب رأسا على عقب.

من يعرف نفسه ويعيش يومه يتحكم بالزمن.

أحيانا قد يكون ٱلسبب هو أنت أو ٱلرب أو غيره بدون ما حدا يدري. حاول بقدر ٱلأمكان أن تتحكم بٱلزمن عندما تتعامل مع ٱلسبب. فيا من شب شاب وضيع ٱلزمن ولم يعرف ٱلسبب ـ إياك أن تكون له خليفه.

❋ ❋ ❋

حسام حمدان
كفرراعي / بوسطن
١٠/١١/٢٠٢٢

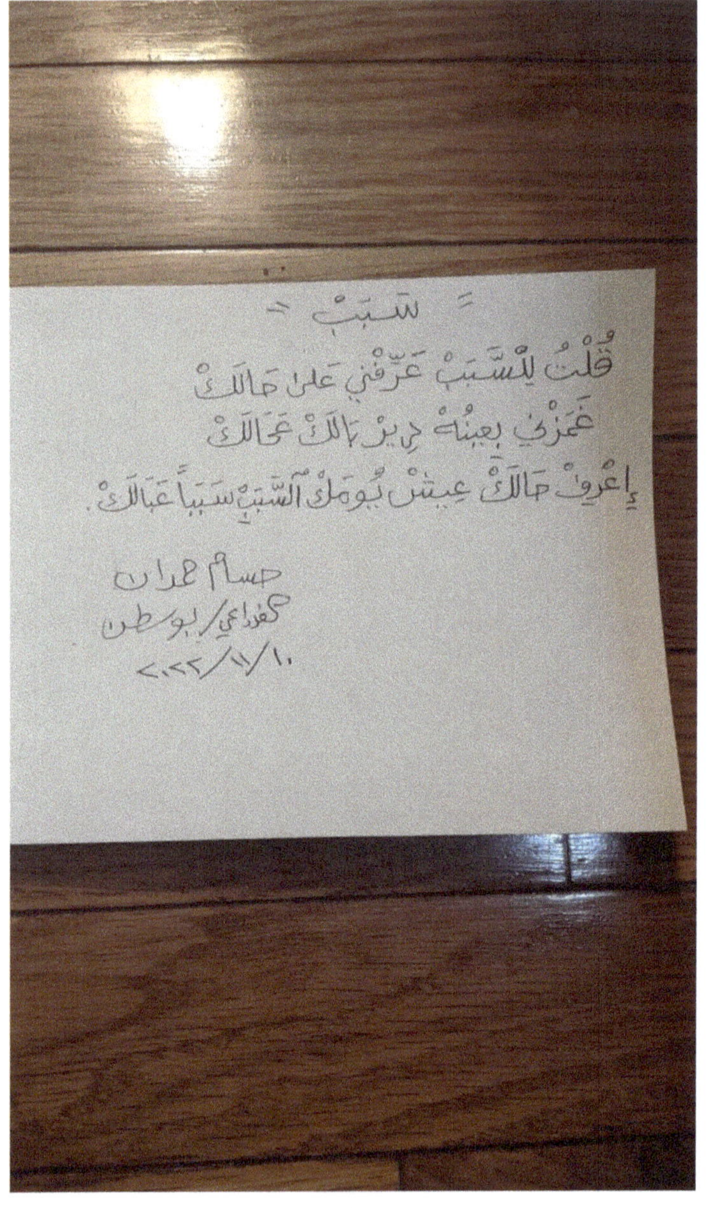

الشَّيْبُ

قُلْتُ لِلشَّيْبِ عَرِّفْنِي على حالَكْ
غَمَزْنِي بِعَيْنِهِ من بين خالَكْ تَحالَكْ
أعرفُ حالَكْ عِيشْ يُومَكْ الشَّيْبُ سَبِّيَا عَبالَكْ

حسام عمران
كفرلاعي / بو طن
2022/1/10

ألرخيص:

ألرخص بالإنسان ألرخيص قد يكون عاده، خلق، طبع أو مزاج أو تصرف مدمن أو زمني للتقليل وعـدم ألتقـدير للقيمـه ألمستحقه للـنفس بوضـعها وزمنها أحيانا قصدا وعمدا أو غيره.

ألرخص بالإنسان ليس فقط محصورا ماديا بل قد يكون عاطفيا أو سياسيا أو علميا أو ثقافيا. فلمـاذا ألإنسان يرخص بإنسان؟

١. للإسـتهتار أو للإحتقـار أو للتـوبيخ أو للإنتقـام أو للتهديـد أو الـردع أو الطاعـه أو ألإسـتغلال لتحقيـق مصـالح خاصه للـرخيص خاصـة إذا كـان قـادرا ماديا وغيرها من ألقدرات.

٢. خوفا من ٱلموت، ظنا وإيمانا أنه سيعيش أطول من الآخرين.

٣. حب ٱلكسب بأقل جهد ممكن من طرفه/ طرفها.

٤. ليس له تقدير واعتبار لما ينظر ويراه ويعرفه الآخرين.

٥. لأنه يعتبر نفسه له ٱلحق بخير الآخرين، ليصبح عالقه على أجساد ٱلبشر ليمتص خيرهم كفطري وبلا مقابل.

٦. ضلال من ٱلله عليه لكي لا يستمتع بنعمه وفضله وكسب دعوات وثناء الناس عليه.

نلاحظ أن ٱلرخص بالإنسان ٱلرخيص يؤدي إلى صفات سلبيه به: ٱلكذب، ٱلتصنع، ٱلتكبر،

ٱلغرور، ٱللامبالاه، حقد، حسد، ٱلتذمر وٱلإعتذار ٱلزائد عن حده. الرخص يؤذي روح ٱلإبتكار وٱلإبداع.

بعض ٱلدول قد تصدر قوانين وسياسات تؤدي إلى ٱلـرخص بشـعبها لتملـك ٱلشـارع وتـتحكم بـه وتتلاعب بموازنة ميزانيته دائما ملحوقه ومديونه.

ٱلإحتلال على سبيل ٱلمثال غير قانوني، إستعمل ٱلرخص فاحتل شعبا، أخذ من أرضه، هجر وقتل، سـجن ويسـجن، يحتقر ويمنـع حقوقـه ٱلانسـانيه، يحرمـــه مـــن ٱلحريـــه وٱلإسـتقلال وٱلتطـور وٱلإزدهار.

رخيص ٱلعواطف وٱلمشـاعر بالعلاقه ٱلعاطفيـه يكون أناني ومعجب بنفسه وطلباته كثيره وصعب رضاؤه.

ثمن ٱلرخص قد يكون ثمين جدا. من خبره، عمرك ما تشكي همك لرخيص قادر، فقد يستغلك وإن إختلفت معه وعصيته ينتقم منك ويخرب بيتك ويقهرك. ٱلرخيص مهما كان يبقى شنع ويجلب ٱلشياطين.

حمانا ٱلله وإياكم من معرفة وتسلط رخيص.

❊ ❊ ❊

حسام حمدان
كفرراعي/بوسطن
٢٠٢٢/١١/٥

ثقافة :

طوف وشوف بألوطن تراث ما ودعنا وما قلى.
هلا وغلا بمن جعل من ألعلم وألمال ثقافة حريه
وإستقلال وسلام وعمران. بله على ذلك ألدرب
نسعى ونرى.

حسام حمدان
كفرراعي/بوسطن
٢٠٢٢/١١/٢٦

كَعْبَةُ قَلْب

طَاهِراً أَطُوفُ بِغُرْفَتِي وَبِسَاحَةِ دَاري مِنْ شِمَالي لِيَميني

أَذْكُرُ رَبِّي أَشْعُرُ بِسَريانَ يَسْري بِعُروق رَأْسي

سَبْعَةُ مَرَّاتٍ أَطُوفُ وَلاَ أَدُوخُ يَرْتاحْ عَقْلي

كُلَّما طَالَ قُطْرُ ٱلمطَافِ كَأَنَّي أَطُوفُ كَعْبَةِ قَلْبي

سَرَيانُ دَمِّي وَدَقَّاتُ قَلْبي في رِحَاباً مَعْ نُورِ رَبْي

أَدْعوهْ وَأَطْلبُ ٱلهِدايَةَ لِأَختارَ ٱلأَحْسَنُ لِعُمري

* * *

حسام حمدان
كفرراعي/بوسطن
٢٠٢٢/١١/١٩

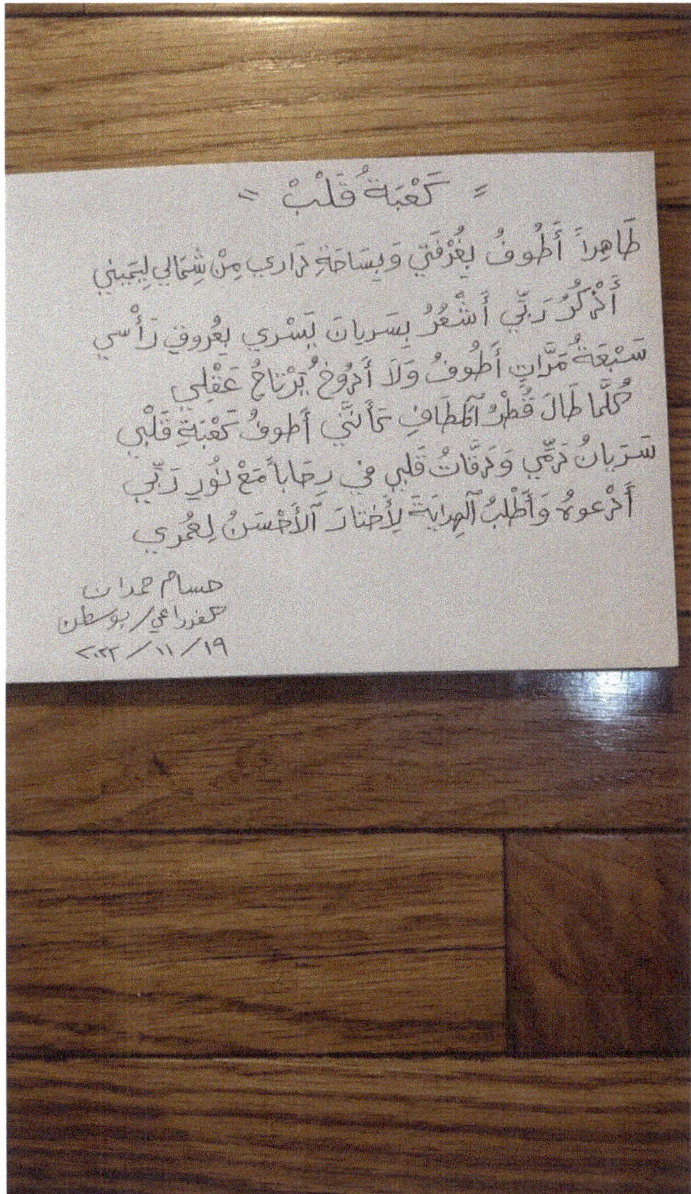

« كَعْبَةُ قَلْبٍ »

طاهِراً أَطوفُ بِغُرْفَتي وبِساحةٍ خَارِبٍ مِن شِمالي لِيَمِيني
أَذكُرُ رَبّي أَشعُرُ بِسَريانٍ يَسْري بِعُروقِ رَأْسي
سَبعةَ مَرّاتٍ أَطوفُ ولا أَدوخُ يَرتاحُ عَقْلي
كُلَّما طالَ قَطرُ الطّوافِ كَأنّي أَطوفُ كَعْبةَ قَلْبي
شَريانُ رَبّي وَدَقّاتُ قلبي في رِحابٍ مَعْ نُورِ رَبّي
أَدْعوهُ وأَطلُبُ الهِدايةَ لأَجتازَ الأَحْسَنَ لعُمري

حسام حمدان
كفرادمي / بوسطن
٢٠٢٣ / ١١ / ١٩

الفهرس

✲ ✲ ✲

www.ingramcontent.com/pod-product-compliance
Lightning Source LLC
Chambersburg PA
CBHW061137160726
48006CB00038B/2122